# DIE SCHIFFE DER DEUTSCHEN FLOTTEN 1848 – 1945

Die bewaffnete preußische Staatsjacht *Fridericus Rex,*
Kupferstich von J. G. Wolfgang um 1710

HANS JÜRGEN HANSEN

# DIE SCHIFFE DER DEUTSCHEN FLOTTEN 1848 – 1945

BECHTERMÜNZ VERLAG

Fachliche Beratung:
Fregattenkapitän Heinz von Bassi

Genehmigte Lizenzausgabe für
Weltbild Verlag GmbH, Augsburg 1998

Umschlaggestaltung: Studio Höpfner – Thoma, München
Gesamtherstellung: Neue Stalling GmbH & Co. KG, Oldenburg
Printed in Germany
ISBN 3-86047-329-8

10161 Schiffe der deutschen Flotte

# Inhalt


| | |
|---|---|
| Vorbemerkung | 6 |
| Deutsche Kriegsschiffe vor 1848 | 8 |
| Die deutsche Reichsflotte 1848–1852 | 14 |
| Preußische und österreichische Kriegsschiffe 1848–1866 | 33 |
| Die Flotte des Norddeutschen Bundes 1867–1871 | 50 |
| Die Kaiserliche Marine 1871–1888 | 54 |
| Die Kaiserliche Marine unter Wilhelm II. 1888–1918 | 85 |
| Die Reichsmarine 1919–1935 | 161 |
| Die Kriegsmarine 1935–1945 | 170 |
| Register der Schiffsnamen | 190 |
| Literaturverzeichnis | 192 |
| Leihgeber und Photographen der veröffentlichten Bilder | 192 |

# Vorbemerkung

Die Absicht dieses Buches ist es, einen anschaulichen Begriff zu geben von den Schiffen der deutschen nationalen Flotten, den Repräsentanten des Jahrhunderts deutscher «Seegeltung» von der Gründung der demokratischen Reichsmarine 1848 bis zum Ende der Kriegsmarine 1945. Damit soll zugleich die deutsche Facette einer Erscheinung der Weltgeschichte ins Licht gerückt werden, von der sich heute, obgleich sie kaum vergangen ist, nur noch mit Mühe eine reale Vorstellung gewinnen läßt. Denn so gut wie keiner der Originalbauten dieses gewiß interessanten Abschnitts in der Entwicklung des internationalen Kriegsschiffbaus ist mehr vorhanden. Tempel, Dome, Burgen und Schlösser zeugen noch von lange zurückliegender Vergangenheit, und sogar einige ältere berühmte Kriegsschiffe werden erhalten und zur Schau gestellt: Gustav Adolfs *Wasa* von 1632 in Stockholm und Nelsons *Victory* von 1806 in Portsmouth. Aber ein Exemplar der vielen erst in unserem Jahrhundert gebauten deutschen Mammut-Schlachtschiffe wird niemand mehr im Original erblicken können.

Das Aufstöbern und Sichten eines umfangreichen, zum Teil vergessenen und nie veröffentlichten Bildmaterials in Archiven, Museen und Sammlungen schuf nun die Voraussetzung, wenigstens in der Abbildung eine Imagination dieses relativ jungen aber wichtigsten Kapitels deutscher maritimer Geschichte zu vermitteln. So entstand das vorliegende, seinem Zweck entsprechend anspruchsvoll mit Wiedergaben von Gemälden, Aquarellen, Zeichnungen, Stichen, Lithographien und vielen zeitgenössischen Photographien illustrierte Werk. (Dabei ist ein technischer Umstand zu erwähnen: Zahlreiche der älteren Lichtbildaufnahmen, von denen die Originalplatten nicht mehr vorhanden sind, weisen ursprüngliche Negativretuschen auf, die sich ohne Beschädigung der wertvollen Dokumente oder Minderung der Wiedergabequalität nicht entfernen ließen.)

Die Behandlung des Themas geht davon aus, daß es 1848 zum ersten Mal zur Bildung einer regelrechten «gesamtdeutschen» Flotte kam und daß, nachdem noch 1864 österreichische und preußische Kriegsschiffe gemeinsam gegen Dänemark gefochten hatten, erst seit der Gründung des Norddeutschen Bundes 1867 die Entwicklung der deutschen Flotte gleichermaßen auf kleindeutscher Basis erfolgte wie die Neugründung des Reiches. Deshalb sind nach 1866 vom Stapel gelaufene österreichische Schiffe nicht berücksichtigt.

Die Texte sollen die durch die Bilder vermittelte Anschauung sinnvoll durch Fakten ergänzen. Sie berichten über wichtige technische Einzelheiten, Verwendung und Schicksal der abgebildeten Fahrzeuge und umreißen ferner kurz die Gesamtentwicklung. Dabei sind Detailangaben nur soweit gemacht worden, wie sie für die Beurteilung von Größe, Schnelligkeit und Kampfkraft der Schiffe angebracht erscheinen. Deshalb ist meistens die Länge über alles (ohne Klüverbaum etc.) in Metern (m) genannt sowie die Tonnage, und zwar, wenn nicht anders vermerkt, das Konstruktionsgewicht (Wasserverdrängung auf der Konstruktionswasserlinie) in metrischen Tonnen (t), gelegentlich auch die Typverdrängung (standard displacement) in englischen tons (ts) oder, bei den älteren Schiffen von 1860, der Rauminhalt in Bruttoregistertonnen (BRT). In gleichem Sinne erfolgten die Angaben über Mannschaftsstärken, Bewaffnung und Geschwindigkeit. Hier wurde in Knoten (Seemeilen in der Stunde), durchweg die bei der Meilenfahrt erreichte Höchstgeschwindigkeit genannt – sie lag normalerweise höher als die Konstruktionsgeschwindigkeit.

Das Zustandekommen des Buches wäre nicht möglich gewesen ohne die Hinweise, Anregungen und bereitwillige Hilfe, für die ich neben den an anderer Stelle genannten Leihgebern von Bildern besonders zu Dank verpflichtet bin den Damen Dr. Jobst in Bremen und Dr. Schlepps in Kiel, sowie den Herren Edward H. H. Archibald in Greenwich, Dr. Friedrich Carstens in Brake, Dr. Klaus Grimm in Hamburg, Franz Hahn in Flensburg, Hellmut Kleffel in Kiel, Arnold Kludas in Hamburg, Alexander von Petöfi in Bremen-Vegesack, Dr. Burchhard Scheper und Gert Schlechtriem in Bremerhaven und Korvettenkapitän Heinz Stoelzel in Cuxhaven – vor allem aber Herrn Fregattenkapitän Heinz von Bassi, einst Leiter der Historischen Sammlung der Marineschule Mürwik, der die mühsame kritische Durchsicht des Manuskriptes und die Überprüfung der Bilder vornahm.

Im übrigen drängen sich nach Beendigung der Arbeit einige persönliche Bemerkungen des Verfassers und einstigen Kriegsmarineangehörigen auf, die seine kritischen Ansichten über Glanz, Gloria und Heldentum der deutschen Flotten betreffen. So stieß ich zum Beispiel wieder auf diese Geschichte mit der Flagge. Es handelt sich um den Untergang des Kanonenbootes *Iltis* im Juli 1896 vor der chinesischen Küste. Angeblich hat die Besatzung drei Hurras auf den Kaiser ausgebracht und dann das sogenannte Flaggenlied angestimmt, ehe sie in die Tiefe sank: Ihr wollen wir treu ergeben sein, getreu bis in den Tod, ihr wollen wir unser Leben weihn, der Flagge Schwarz-Weiß-Rot!

Wer, wie der Verfasser, selbst im Kriege Zeuge von Schiffsverlusten und dem Seemannstod von Dutzenden von Kameraden gewesen ist und im übrigen oft genug hat singen müssen, daß die Fahne mehr ist als der Tod, wird seine Aversion gegenüber derartigen Phrasen nicht mehr verwinden. Im Bilde verkörpert waren sie durch das im Ersten Weltkrieg hunderttausendfach reproduzierte Gemälde vom «letzten Mann», der stehend freihändig im Atlantik vor den Falklandinseln auf dem Kiel des gekenterten Kreuzers die Kriegsflagge schwenkt. Schon den lateinischen Sprüchen gegenüber bedarf es der Skepsis: Navigare necesse est – vivere non est necesse. Ich meine durchaus, daß Seefahrt nötig ist, aber nutzlos wäre sie, hielten wir das Leben für unnütz.

Das Ende der vielen mit deutschen Kriegsschiffen dahingegangenen Seeleute war meist ganz unheroisch, Falls man nicht ohnehin im sinkenden Schiff steckengeblieben war, bedeutete es verzweifeltes Blasen in die an den Schwimmwesten befestigten Seenotpfeifen, in der Hoffnung, daß es gehört wurde, solange man noch Atem hatte – dann Hoffnungslosigkeit, langsame Unterkühlung und endlich Bewußtlosigkeit. War das Wasser kalt, so war in einer halben Stunde alles vorbei. Und dann kamen die Möwen, die Aasgeier des Meeres.

Ja, so war der Heldentod zu Wasser.

Ich habe diese unmißverständliche persönliche Anmerkung gemacht, weil ich es andererseits für unzulässig und auch für ein bißchen würdelos halte, die gewichtige historische Realität und die enorme politische Bedeutung der deutschen Flotte zu bagatellisieren, wie auch die Idee von Macht und Seegeltung des Reiches, die sie verkörpert hat und die ihrerseits ein geschichtliches Faktum ist. Gewiß hat ihr, zumindest unter Wilhelm II. und Tirpitz, etwas Monströses angehaftet, aber sie war nichtdestoweniger eine außerordentlich populäre Sache.

Die Flotte bot in der Zeit, die noch keinen weltweiten Flug- und Massentourismus kannte, für junge Leute aus nicht sehr reichem Hause oft die einzige Chance, sich die Welt zu besehen. «Join the Navy and see the world», dieser erfolgreiche Werbeslogan der amerikanischen Marine war auch die Losung der Jungen aus Sachsen und Bayern, die sich zum Dienst in der deutschen Flotte verdingten. Aber man mußte schon etwas länger dabei bleiben. Wer nur seine Wehrpflicht im blauen Zeug abreißen wollte, kam auf kein Kriegsschiff, es sei denn, er war ohnehin Seemann von Beruf. Aber länger dienende Freiwillige meldeten sich in Fülle. Und trotz aller Härte, die den Matrosen bei der militärischen wie nicht minder bei der christlichen Seefahrt abverlangt wurde, gab es genug La-Paloma-Romantik und erfüllte Weltreisesehnsüchte – solange kein Krieg war.

Tatsache jedoch bleibt, daß diese Flotte als politisch-militärische Institution und als Machtfaktor eines gesamtdeutschen, ja großdeutschen Nationalstaates ebenso scheiterte wie dieser selbst.

Das aber ist kein Grund, sie zu vergessen – dafür war sie zu bedeutend, zu imponierend, hatte (das Wort ist angebracht) zu viel historische Größe.

Und historische Tragik. Denn noch weniger vergessen werden dürfen die Tausende ihrer Besatzungsmitglieder, die in zwei Weltkriegen umsonst gefallen sind.

Nicht zuletzt an sie soll dieses Buch erinnern.

Und so widme ich es denn meinen auf See gebliebenen Kameraden, die nicht wie ich das Glück gehabt haben, gesund nach Hause gekommen zu sein.

Hans Jürgen Hansen

# Deutsche Kriegsschiffe vor 1848

Im Gegensatz zu allen anderen bedeutenden europäischen Küstenstaaten hat das alte Römische Reich Deutscher Nation nie eine eigene Kriegsflotte besessen. Das heißt zwar nicht, daß es in den Häfen des 1805 aufgelösten Reiches keine Kriegsschiffe gegeben hätte oder daß auf deutschen Werften bis dahin keine gebaut worden wären. Aber es fehlte die staatliche Organisation, die Zentralgewalt einer Reichsadmiralität, wie sie in England, Frankreich, Schweden, Dänemark, Spanien, Portugal und den Niederlanden bestand und wie auch die Seemächte Venedig, Genua und Neapel sie besaßen.

Dennoch, wie die allgemeine, beginnt auch die maritime Geschichte des Deutschen Reiches mit Karl dem Großen: zur Sicherung seiner Küsten mußte er Kriegsschiffe ausrüsten, an den Rheinmündungen gegen Friesen und Normannen, im Mittelmeer gegen die Mauren.

Im 11. und 12. Jahrhundert nahmen Schiffe vom Niederrhein, von Friesland und von der Weser aus an den Kreuzzügen teil; und später verfügten die Hansestädte über bewaffnete Convoy-Schiffe zur Verteidigung ihrer Handelswege.

Wallenstein versuchte 1628 als «General des ozeanischen und baltischen Meeres» in Wismar eine Flotte aufzustellen, scheiterte jedoch an erfolgreicher schwedischer Blockade der von ihm besetzten norddeutschen Häfen.

Brandenburg wie Österreich haben dann in der Folge einige Ansätze zur Schaffung von Kriegsflotten gemacht. Der Kurfürst Friedrich Wilhelm charterte in Holland ein paar Fregatten und kleinere Fahrzeuge für die Kämpfe gegen die Schweden und konnte von diesen die Fregatte *Mohrian* erobern, die 1683 zusammen mit der Fregatte *Churprinz* an der afrikanischen Guineaküste die Kolonie Großfriedrichsburg gründete.

*Churprinz* und *Mohrian*, von denen es keine Pläne mehr gibt, sind in dem oben wiedergegebenen Gemälde Alexander Kirchers von der Besitzergreifung der Guineaküste am 1. Januar 1683 historisch glaubwürdig dargestellt worden. Sie verkörpern den Typ der damals üblichen holländischen Kriegsschiffe.

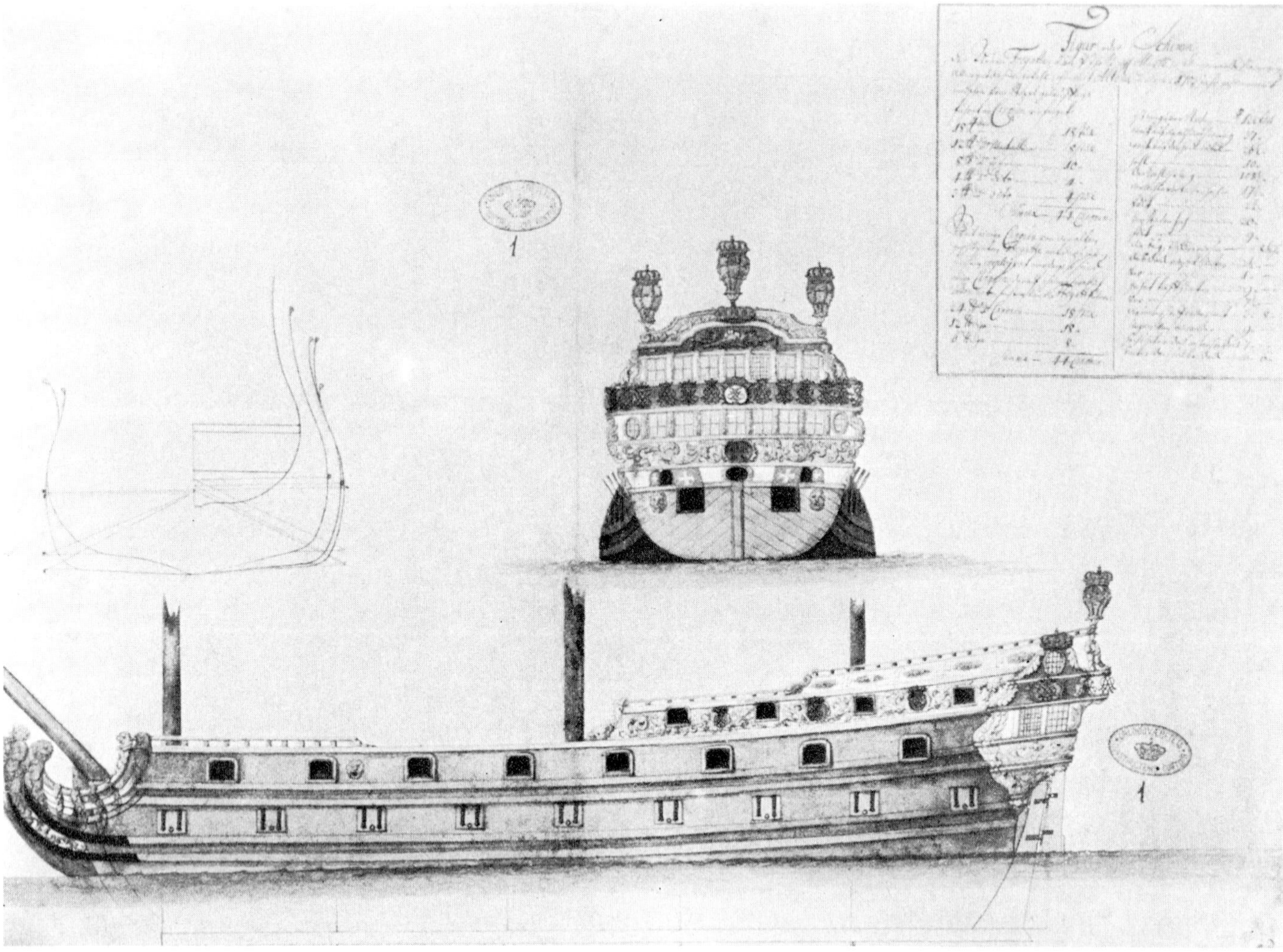

Zeitweise bestand damals sogar eine brandenburgische Admiralität mit einer Flottenstation der Nordsee in Emden und einer der Ostsee in Pillau. Ebenso unterhielt Österreich zu Beginn des 18. Jahrhunderts in Triest ein Marinearsenal und eine Flotte von einigen Linienschiffen und Fregatten. Aber diese Aktivitäten waren im Vergleich zu denen der großen Seemächte wenig bedeutend. Zudem waren die brandenburgischen Schiffe meist in den Niederlanden, die österreichischen in italienischen Häfen gebaut worden, und diese hatten zudem rein italienische Besatzungen. In Deutschland selbst bestanden fast nur in den Hansestädten Hamburg, Bremen, Lübeck und Danzig leistungsfähige Werften, die größere Seeschiffe bauten. Da faktisch alle überseeischen Handelsschiffe bis zu Beginn des 19. Jahrhunderts zum Schutz gegen Piraten stark bewaffnet sein mußten, unterschieden sie sich von den Kriegsschiffen der jeweiligen Zeit nicht grundsätzlich. Ein hamburgischer Westindienfahrer war nur weniger bestückt als beispielsweise ein holländisches Linienschiff – größerer Laderaum bedingte geringere Bewaffnung. Im 18. Jahrhundert gab es in allen größeren deutschen Häfen die sogenannten Handelsfregatten, deren einziges Geschützdeck über den Laderäumen lag.

Nach holländischen und englischen Vorbildern hielten damals auch die regierenden Fürsten der deutschen Küstenländer sowie die Behörden der Hansestädte sogenannte Staatsjachten, schnellsegelnde Repräsentationsschiffe, die gewöhnlich beiderseits an Deck freistehende Kanonen hatten. Sogar der in Mannheim residierende Kurfürst von der Pfalz besaß eine solche, in Amsterdam gebaute Staatsjacht für Reisen auf dem Rhein.

Von der besonders luxuriösen Staatsjacht *Fridericus Rex,* die Friedrich I. von Preußen in Belgien bauen ließ und um Skagen herum durch Nord- und Ostsee und die Oder hinauf auf die märkischen Seen bringen ließ, ist ein Kupferstich nach einem Gemälde des Hofmalers Madersteg erhalten. Sie wurde als *Liburnica* bezeichnet, dem antiken Begriff für schnelle galeerenartige Fahrzeuge, und war sehr üppig mit Heckschnitzereien und -bemalungen verziert, die Galionsfigur stellte den König selbst zu Pferde dar. Das Schiff war rund 26 m lang, mehr als 7 m breit und mit 22 schweren Bronzekanonen bestückt (Abbildung gegenüber dem Titelblatt).

Auch von einer etwas kleineren, hanseatisch-anspruchsloseren Jacht der Hamburger Admiralität gibt es einen Kupferstich, der aus dem Jahre 1755 stammt. Sie hatte acht Geschütze – genaue Maßangaben sind nicht bekannt (Abbildung oben).

Auch sind weder Pläne noch Meßbriefe der unter brandenburgischer oder österreichischer Flagge fahrenden Schiffe aus der Zeit vor 1800 erhalten. Der älteste noch existierende Plan eines auf einer deutschen Werft, nämlich im heute zu Hamburg gehörigen Neumühlen an der Elbe, das damals als Teil Holsteins von Kopenhagen aus regiert wurde, gebauten Kriegsschiffes ist derjenige der unter dänischer Flagge fahrenden Elbfregatte *Stormarn.* Er wurde 1703 gezeichnet – mit Heck- und Seitenansicht des Rumpfes, Spantenrissen und detaillierten Maßangaben (s. Abbildungen oben links) und befindet sich in Kopenhagens Orlogsmuseet.

Nach dem Wiener Kongreß und der Gründung des Deutschen Bundes unterhielten nur Österreich und Preußen – in bescheidenem Maße – Kriegsfahrzeuge. Die ausschließlich mit Besatzungen italienischer Nationalität bemannte, in Venedig stationierte österreichische Flotte bestand 1826 aus den Fregatten *Bellona* und *Ebe*, der Korvette *Carolina*, den Briggs *Veloce, Orion, Veneto, Montecuccoli, Ussaro, San Marco* und *Emo,* den Goeletten *Sofia, Fenize, Aretusa, Arianne, Vigilante, Enrichetta und Elisabetta,* den Penichen *Najade* und *Vestale,* den Transportschiffen *Bravo* und *Justo* sowie aus dem Lazarettschiff *Spaviero,* insgesamt 22 (mit Ausnahme der beiden Fregatten) relativ kleinen hölzernen Segelschiffen.

Preußen hatte nach der Abtretung von Stralsund durch die Schweden sechs schwedische Kanonierschaluppen übernommen, zusammen mit den beiden kommandierenden schwedischen Offizieren Longé und Murck, die bis 1848 die einzigen Seeoffiziere der preußischen Marine blieben. 1816 lief in Stralsund bei der Werft J. A. Meyer ein bewaffneter Schoner vom Stapel und erhielt den Namen der Stadt. Diese *Stralsund* war der erste preußische Kriegsschiffneubau. Die von Schweden übernommenen Kanonenboote erwiesen sich als unbrauchbar und wurden 1817/19 verkauft – dem Schoner *Stralsund* erging es 1829 ebenso. 1827 wurde Longé Vorstand, Murck Rechnungsführer des auf der gegenüber Stralsund liegenden Insel Dänholm eingerichteten preußischen «Marine-Etablissement».

Zögernd erwog man in Preußen Flottengründungspläne, die jedoch nicht realisiert wurden. Im April 1841 wurde schließlich vom König Friedrich Wilhelm IV. der Bau einer Hochseekorvette als Schulschiff zur weiteren Ausbildung der Schüler der inzwischen gegründeten Navigations-Hauptschule in Danzig angeordnet. Am 24. 6. 1843 lief sie auf der Werft Carmesin in Grabow bei Stettin vom Stapel und erhielt den Namen *Amazone*. Die Schiffszimmerer und zum großen Teil sogar das Werkzeug für den Bau kamen aus dem Ausland, die Takelung übernahmen dänische Marineunteroffiziere. Sie war kraweel aus Eichenholz gebaut, war rund 34 m lang und 9 m breit und lief, als Vollschiff getakelt, mit 876 qm Segelfläche 11 Knoten. Bewaffnet war sie mit 12 schwedischen 18pfündigen Kanonen; 6 Offiziere und 139 Mann zählte die Besatzung. 1844 machte sie ihre erste Auslandsreise ins Schwarze Meer, 1845 ging sie über Madeira nach Genua, 1847 besuchte sie New York; 1852/53 Südamerika. Im November 1861 blieb sie in einem Orkan in der südlichen Nordsee mit ihrer Besatzung und den eingeschifften Seekadetten, insgesamt 107 Mann, verschollen. In die Marinegeschichte ist sie eingegangen als «Großmutter der deutschen Flotte».

Das Bild oben zeigt sie, nach Backbord salutschießend, auf einem in der Marineschule Mürwik befindlichen Gemälde von L. Arenhold.

Die oben auf einem Gemälde von L. Arenhold wiedergegebene Glattdeckskorvette *Mercur* lief 1847 bei J. Klawitter in Danzig als Ostindien-Fahrer der Preußischen Seehandlungs-Gesellschaft vom Stapel. Im März 1850 wurde sie von der Preußischen Flotte angekauft. Auch sie war ein Holzkraweelbau und als Vollschiff getakelt mit 805 qm Segelfläche. Rund 43 m lang und 8 m breit, hatte die *Mercur* 650 BRT, konnte 9 Knoten Fahrt machen und hatte als Bewaffnung sechs 26pfündige Bombenkanonen. Sie diente ebenfalls zur Ausbildung von Kadetten und trat im November ihre erste Überseereise über Teneriffa nach Rio de Janeiro an. 1861 ist sie in Danzig abgewrackt worden.

# Die deutsche Reichsflotte 1848–1852

Die sich am Kampf der Schleswig-Holsteiner entzündende nationale Begeisterung für die deutsche Einigung und nüchterne Überlegungen von Handelskreisen in den Hansestädten führten im Revolutionsjahr 1848 zur Gründung einer ersten «gesamtdeutschen» Kriegsflotte. Denn der seit Anfang April von Preußen im Auftrage des Deutschen Bundes gegen Dänemark geführte Krieg in Schleswig zeigte, daß wegen Fehlens einer eigenen Marine der gesamte Seehandel der deutschen Nord- und Ostseehäfen leicht durch ein paar dänische Kriegsschiffe blockiert werden konnte. Nur eine einzige dänische Fregatte bei Helgoland brachte einen großen Teil der die Weser und Elbe anlaufenden Handelsschiffe auf.

Die Frankfurter Nationalversammlung bildete gleich nach ihrer Eröffnung einen Marineausschuß und bewilligte am 14. Juli sechs Millionen Taler für die Gründung einer deutschen Reichskriegsflotte. Der von ihr gewählte Reichsverweser Erzherzog Johann von Österreich ernannte den Bremer Senator Duckwitz zum Reichshandelsminister. Dieser übernahm auch die Marineabteilung der Reichsregierung und organisierte den Aufbau der im Volke so stürmisch geforderten Flotte, für die in ganz Deutschland Geld gesammelt wurde.

Am 23. Juli wurden auf Initiative der Hamburger Reeder Godeffroy und Sloman von der Hanseatischen Dampfschifffahrts-Gesellschaft im Auftrage der Hamburger Admiralität und mit Mitteln aus Sammlungen des im April gegründeten Marinevereins vier Handelsschiffe angekauft: die Raddampfer *Bremen, Hamburg* und *Lübeck* und die Segelfregatte *Deutschland*. Standort der neuen Reichsmarine sollte Bremerhaven sein. Am 15. Oktober 1848 traf die «Hamburger Flottille» dort ein; Anfang 1849 folgten drei Schiffe, die Duckwitz in England hatte bauen lassen: *Inka, Cacique* und *Cora*, die jetzt *Großherzog von Oldenburg, Frankfurt* und *König Ernst August* hießen; außerdem wurde noch die dänische Fregatte *Gefion* als *Eckernförde* in die Flotte aufgenommen. Im März 1849 kamen die von der Cunard Line angekauften Nordatlantikdampfer *Britannia* und *Acadia* hinzu, die in *Barbarossa* und *Erzherzog Johann* umgetauft wurden. Im August erreichte die aus Amerika kommende *Hansa*, ehemalige *United States*, Bremerhaven. So bestand die erste deutsche Kriegsmarine schließlich aus 3 Radfregatten, 6 Radkorvetten und 2 Segelfregatten.

Befehlshaber der Flotte wurde Fregattenkapitän (später Konteradmiral) Brommy, der in der griechischen Flotte gedient hatte. Er richtete in Bremerhaven die Seezeugmeisterei ein, organisierte Armierung und Bemannung der Schiffe und exerzierte mit Erfolg die Besatzungen ein.

Links: Radfregatte *Erzherzog Johann* und Fregatte *Deutschland* der deutschen Reichsflotte.

Die oben abgebildete Lithographie zeigt die Explosion des dänischen Linienschiffes *Christian VIII.* nach dem Beschuß durch die von schleswig-holsteinischen und nassauischen Soldaten besetzte Ekkernförder Strandbatterie. Die Dänen kapitulierten – die Fregatte *Gefion* (links im Hintergrund), die am Gefecht teilgenommen hatte, wurde von den Schleswig-Holsteinern in Besitz genommen und der in Bremerhaven in Aufstellung begriffenen Reichsflotte übergeben.

Die oben nach einer zeitgenössischen aquarellierten Federzeichnung wiedergegebene *Gefion* lief am 27. September 1843 auf der Neuen Königlichen Werft in Kopenhagen für die dänische Marine vom Stapel, war kraweel aus Eichenholz gebaut, mit Kupfer beschlagen, als Vollschiff getakelt, 1300 BRT groß, 59 m lang, 13,5 m breit, lief bis zu 15 Knoten und war mit zwei 60pfündigen, 26 langen und 20 kurzen 24pfündigen Kanonen bestückt. Nach der Auflösung der Reichsflotte, bei der sie den Namen *Eckernförde* trug, kam sie am 11. Mai 1852, wieder als *Gefion,* an Preußen, machte viele Auslandsfahrten als Schulschiff, wurde 1864 Artillerie-Schulschiff, 1870 Wohnschiff in Kiel, 10 Jahre später Kohlenhulk und wurde schließlich 1891 bei der Kaiserlichen Werft in Kiel abgewrackt. Auf dem Bild führt sie die schwarz-rot-goldene Flagge, die von der Nationalversammlung bestimmten Reichsfarben, die, mit dem doppelköpfigen schwarzen Reichsadler auf goldenem Feld in der Gösch, die von der Reichsflotte geführte Kriegsflagge war.

Wie sehr diese Farben und der Flottengedanke in ganz Deutschland Ausdruck des sich leidenschaftlich regenden Nationalbewußtseins waren, dokumentiert das rechts abgebildete, damals entstandene Gemälde, das sich im Bremer Fokke-Museum befindet: im Bug eines Schiffs mit dem Namen *Vaterland,* dessen Galionsfigur der alte Doppeladler des Reiches ist, steht, Tradition des alten Reiches und die Einigungsbestrebungen des Revolutionsjahres verkörpernd, die Germania – im Hintergrund liegen die Schiffe der deutschen Reichsflotte. Es ist ein originelles, deutsch-biederes Gegenstück zu der berühmten, die Tricolore schwenkenden Freiheitsfigur auf dem Gemälde von Delacroix aus dem Pariser Revolutionsjahr 1830.

Die unten abgebildete zeitgenössische Lithographie zeigt die Schiffe der «Hamburger Flottille» der Deutschen Reichsmarine im August 1848 auf der Elbe vor Hamburg. Sie führen die schwarz-rot-goldene Reichsflagge mit dem Adler in der Gösch.

In der Mitte im Vordergrund liegt die Segelfregatte *Deutschland*. Sie war 853 BRT groß, 38,5 m lang, als Vollschiff getakelt, mit 36 Kanonen bestückt und hatte 230 Mann Besatzung. Bei der Übernahme in die Flotte war sie schon rund dreißig Jahre alt und mußte wie die anderen Hamburger Schiffe während des Winters 1848/49 für ihren jetzigen Verwendungszweck umgebaut und repariert werden. Bei der Versteigerung der Flotte 1852 wurde sie für 9200 Taler von der Bremer Firma Roessingh & Mummy für den Kohlentransport von England nach China erworben. Später wurde sie an die chinesische Regierung verkauft und endete als chinesisches Kriegsschiff.

Im Hintergrund links liegt die Radkorvette *Lübeck*, dahinter die Radkorvette *Bremen*, auf dem Bilde rechts die Radkorvette *Hamburg*. Alle drei waren kleinere Raddampfer, kraweel aus Holz gebaut und als Schonerbriggs getakelt. Die *Hamburg* war 1841 bei Bernhard Wencke in Bremen erbaut worden, hatte 435 BRT, war 53 m lang und 12 m breit. Die *Bremen* war am 22. Juni 1842 als *Leeds* bei der Werft Johann Marbs in Altona vom Stapel gelaufen, 56 m lang und 12,7 m breit und 450 BRT groß. Die *Lübeck* wurde als *Robert Napier* 1844 bei S. H. Morton & Co. in Leith gebaut, war 435 BRT groß, 50 m lang und 12,6 m breit. Die Dampfer hatten je zwei Räder von 6 m Durchmesser mit je zwölf Schaufeln und zwei liegende einzylindrische Expansionsdampfmaschinen. Bewaffnet waren sie je mit einer Bombenkanone vorn und achtern und zwei vor und hinter dem Radkasten. Ihr Umbau für die Zwecke der Flotte war am 15. Dezember 1848 beendet; im Dezember 1852 wurden sie an die General Steam Navigation Co. in London verkauft, *Bremen* wurde in *Hanover* umbenannt, *Hamburg* in *Denmark* und *Lübeck* in *Newcastle*.

Rechts hinter der *Deutschland* liegt die nicht in die Reichsmarine übernommene, mit zwölf Kanonen bestückte Segelkorvette *Franklin*.

Das obere Bild zeigt die Radkorvette *Hamburg* und die Segelfregatte *Deutschland* beim Passieren von Cuxhaven während der Überführung nach Bremerhaven, dem Stützpunkt der Reichsflotte, im Oktober 1848.

Rechts ein Holzschnitt vom Deck der *Deutschland* während ihrer Versteigerung in Brake durch Hannibal Fischer am 18. August 1852.

L. Arenhold. 1902.

Die vorhergehende Doppelseite zeigt die versammelte Reichsflotte auf der Reede von Bremerhaven, nach einem Gemälde von L. Arenhold, das sich im Schloß Schönebeck in Bremen-Vegesack befindet. Es sind, von links nach rechts, die Radfregatten *Barbarossa* und *Erzherzog Johann,* die Radkorvette *Der Königliche Ernst-August, Frankfurt,* die Radfregatte *Hansa,* die Radkorvetten *Bremen, Lübeck, Hamburg* und die Segelfregatten *Eckernförde* und *Deutschland.*

Die Abbildungen unten zeigen Szenen an Bord der Segelfregatte *Deutschland.* Von links nach rechts und von oben nach unten: Aufgang zur Back, Rudergänger, Hängematten im Batteriedeck, Batteriedeck, Offiziere an Oberdeck, Mannschaftslogis.

Das einzige Gefecht der Reichsmarine war ein bescheidener Versuch Brommys, mit der Fregatte *Barbarossa* und den Korvetten *Hamburg* und *Lübeck* in See zu gehen. Östlich von Helgoland traf er auf eines der dänischen Blockadefahrzeuge, die Segelkorvette *Valkyrien.* Man schoß ein bißchen aufeinander; es ist nicht sicher erwiesen, ob einer den anderen irgendwie getroffen hat. *Valkyrien* zog sich in die Nähe von drei anderen bei Helgoland liegenden dänischen Kriegsschiffen zurück, und von Helgoland aus gaben die Engländer, denen damals die Insel gehörte, den Kriegführenden Warnschüsse, daß sie sich auf neutralem Gebiet befänden. Brommy zog sich nach Cuxhaven zurück und gelangte zwei Nächte später unbehelligt von den Dänen wieder nach Bremerhaven.

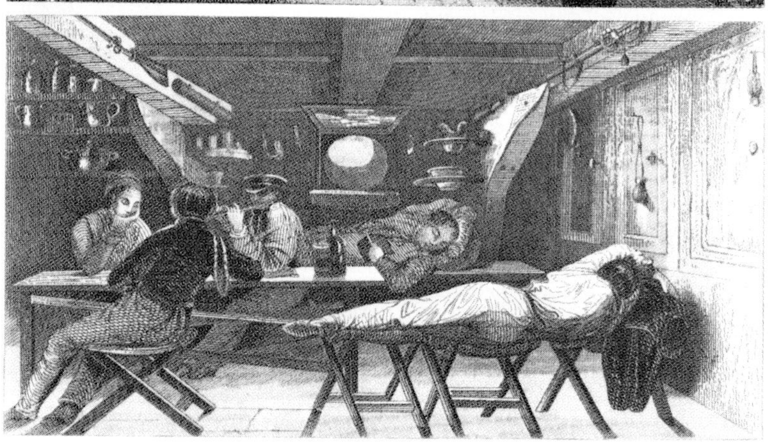

Das Bild oben schildert das Ereignis: im Vordergrund die *Barbarossa*, rechts die *Hamburg*, in der Mitte *Valkyrien*, links, neben dem Felsen von Helgoland, die anderen dänischen Schiffe.

*Barbarossa* war als *Britannia* 1840 für die Cunard Line von Stapel gelaufen und hatte 99 Rundreisen von Liverpool nach Boston gemacht, ehe sie von der Reichsflotte erworben wurde und im März 1849 in Bremerhaven eintraf. Im Juni 1852 wurde sie von Preußen übernommen, war zunächst Wohn- und Wachtschiff in Danzig, dann Wohnhulk in Kiel. 1880 wurde sie bei Torpedoversuchen gesprengt.

Schwesterschiff der *Barbarossa* war die wie diese bei John Wood in Glasgow 1839–40 erbaute *Acadia* der Cunard Line, die als *Erzherzog Johann* für die Reichsmarine erworben wurde und, nach einer Strandung bei Terschelling während der Überfahrt im März 1849 auf der Weser eintraf. Vier Jahre später wurde sie an die Reederei W. A. Fritze & Co. in Bremen verkauft und in *Germania* umbenannt, von dieser im Atlantik-Verkehr Bremerhaven–New York eingesetzt, 1855 als britischer Truppentransporter im Krimkrieg verchartert und 1857 auf der Themse abgewrackt.

Beide Schiffe waren 1135 BRT groß, maßen 64,7 m in der Länge und 16,5 m in der Breite und machten rund 9 Knoten Fahrt. Sie waren Eichenholzbauten, als Bark getakelt, *Barbarossa* ab 1852 als Brigg. Je 2 Räder mit 9 m Durchmesser und je 24 Schaufeln wurden durch zwei Seiten-Balanciermaschinen der Glasgower Firma Napier angetrieben.

Das oben wiedergegebene Gemälde der auf der Weser ankernden deutschen Flotte aus dem Jahre 1850 zeigt links die Segelfregatte *Deutschland,* daneben hintereinander die Radkorvetten *Hamburg, Bremen* und *Lübeck* und rechts im Vordergrund die Radfregatte *Hansa.*

Sie war mit rund 1800 BRT das größte Schiff der Flotte, 1847 als *United States* für den Nordatlantikdienst der Black Ball Line vom Stapel gelaufen, und hatte vier Atlantik-Rundreisen gemacht, ehe sie von der Reichsflotte angekauft wurde. Im August 1849 traf sie auf der Weser ein. Im März 1853 wurde sie an die Bremer Reederei W. A. Fritze & Co. verkauft, für die sie, mit einer Unterbrechung als Charter für britische Truppentransporte während des Krimkrieges, bis 1857 im Atlantikdienst Bremerhaven–New York eingesetzt war. Danach wurde sie wieder für britische Indien-Transporte verchartert und schließlich an die englische Galway Line verkauft, für die sie ab 1858 als *Indian Empire* nach Indien fuhr. Im Juli 1862 brannte sie in Deptford bei London aus.

Das unten wiedergegebene Gemälde von 1850 aus dem Besitz von Frau Dr. Jobst in Bremen zeigt im Hintergrund ebenfalls das Flaggschiff *Hansa*. Im Vordergrund liegt der einzige Zweischornsteindampfer der Flotte, die Radkorvette *Großherzog von Oldenburg*. Bis auf den zweiten Schornstein unterscheidet sie sich wenig von ihren Einschornstein-Schwesterschiffen *Der Königliche Ernst-August* und *Frankfurt,* mit denen sie zusammen vom Reichshandelsminister Duckwitz bei der Werft W. M. Petterson in Bristol in Auftrag gegeben war. Alle drei Dampfer trafen im Frühjahr 1849 in Bremerhaven ein. Während des Baues trugen sie Tarnnamen aus Rücksicht auf die britische Neutralität. Sie waren kraweel gebaut mit Eichenholz-Querspanten und Yellow-Pine-Beplankung, hatten zwei liegende Expansionsdampfmaschinen, die zwei Räder von fünfeinhalb Meter Durchmesser mit je zwölf Schaufeln antrieben. Im Dezember 1852 wurden sie in Brake an die General Steam Navigation Co. in London versteigert. Die *Großherzog von Oldenburg* hatte 600 BRT, war 50,3 m lang, 14,8 m breit und mit zwei 68pfündigen Bombenkanonen bestückt. Ihr ursprünglicher Tarnname war *Inca,* ihr späterer Name *Belgium. Der Königliche Ernst August* hatte 900 BRT, war 55,5 m lang und 17,1 m breit, mit sechs 68pfündigen Bombenkanonen bestückt, hieß ursprünglich *Cora* und später *Edinburgh.* Die *Frankfurt* hatte 625 BRT, 51 m Länge, 14,4 m Breite, hieß vorher *Cazique* und später *Holland.* Alle drei Schiffe liefen rund 9 Knoten; *Der Königliche Ernst August* hatte eine Besatzung von 5 Offizieren und 145 Mann, die anderen beiden je 4 Offiziere und 96 Mann.

Die oben wiedergegebene, im Besitz des Deutschen Schiffahrtsmuseums in Bremerhaven befindliche Lithographie aus dem Jahre 1849 zeigt vor dem Hintergrund von Bremerhaven die auf der Weser ankernden Schiffe (von links nach rechts) *Hansa, Deutschland, Frankfurt* und *Barbarossa.*

Als die gesamte Flotte ausgerüstet und bewaffnet, die Besatzungen einexerziert waren – gegen Ende des Jahres 1849 – war die Begeisterung, die ein Jahr vorher die Nation bewegt hatte, dahin. Die Revolution war versandet, die Nationalversammlung und auch die vorläufige Reichsregierung sahen ihrer Auflösung entgegen, im Juli war ein endgültiger Waffenstillstand mit Dänemark geschlossen worden, die deutsche Einigung nicht erreicht.

Drei Jahre lagen die Schiffe nun auf der Weser, die größeren vor Bremerhaven, die kleineren *Hamburg, Lübeck, Bremen* und *Großherzog von Oldenburg,* vor Brake. Schließlich ernannte der Bundestag Dr. Hannibal Fischer, eine etwas unglückliche Figur, zum Bundeskommissar der Flotte mit dem Auftrage, sie aufzulösen. *Barbarossa* und *Eckernförde* (die dann wieder *Gefion* hieß) wurden von Preußen übernommen, die anderen versteigerte Fischer in Bremerhaven und Brake, zusammen mit dem gesamten Material der Flotte. Das letzte Stück der Auktion war ein leerer Sarg.

Das oben abgebildete Aquarell aus dem Besitz des Schiffahrtsmuseums der Oldenburgischen Weserhäfen in Brake zeigt die *Hansa*, das größte Schiff der ersten deutschen Flotte, im Nordatlantikdienst nach dem Verkauf an die bremische Reederei Fritze.

Rechts: das preußische Kadetten-Schulschiff *Arcona*, Gemälde von Max Schröder-Greifswald, im Besitz der Marineschule Mürwik (s. Seite 35).

Auch die provisorische Regierung Schleswig-Holsteins hatte 1848, um der dänischen Blockade zu begegnen, eine eigene Flotte aufgestellt. Sie bestand aus 11 Ruderkanonenbooten mit je zwei Bombenkanonen; dem mit einem Geschütz bewaffneten Radschlepper *Löwe;* dem mit vier Geschützen armierten Postdampfer *Bonin,* sowie dem beschlagnahmten dänischen Schoner *Elbe,* der als Schulschiff für die in Kiel gegründete Seekadetten-Schule verwendet wurde. Auch diese Schiffe führten die schwarz-rot-goldene Bundesflagge mit dem Reichsadler in der Gösch.

Die umseitig abgebildete Lithographie von 1850 zeigt die Flotte im Kieler Hafen: am Horizont den Schlepper *Löwe,* in der Mitte die *Elbe* und rechts im Vordergrund den Dampfer *Bonin.* Dieser konnte im Juni 1849 bei einem Vorstoß in die Kieler Bucht den dänischen Dampfer *Hekla* zum Rückzug zwingen. Auch die Kanonenboote machten kleine, zum Teil erfolgreiche Operationen an der Ost- und Nordseeküste. Das links im Vordergrund des Bildes erkennbare Dampfkanonenboot *Von der Tann,* das erste deutsche Kriegsschiff mit Schraubenantrieb, lief bei einer Unternehmung gegen die dänischen Schiffe *Valkyrien* und *Hekla* vor Neustadt auf Grund und wurde von der Besatzung, zur Vermeidung der Übergabe, in Brand gesteckt.

Das Bild oben zeigt ein in der Marineschule Mürwik befindliches Gemälde von Alex Kircher mit den preußischen Schiffen *Loreley* (links, s. Seite 44), dahinter *Nymphe* (s. Seite 44) und *Arcona* (Mitte, s. Seiten 29 und 34) im Seegefecht bei Jasmund im Jahre 1864.

Das rechts abgebildete Gemälde von L. Arenhold zeigt die Preußische Flotte im Jahre 1854. Von links nach rechts: die Avisos *Salamander* und *Nix,* das Flaggschiff *Danzig,* die von der Reichsflotte übernommene *Gefion* sowie *Hela* und *Amazone,* dahinter die ebenfalls aus der Reichsflotte stammende *Barbarossa* und die *Mercur*.

# Preußische und österreichische Kriegsschiffe 1848–1866

Nach der Auflösung der Reichsflotte unterhielten als einzige deutsche Staaten nur noch Österreich und Preußen Kriegsschiffe. Die schwarz-rot-goldene Flagge, das Symbol für ein demokratisches, geeintes Deutsches Reich, war eingezogen. Die deutschen Länder zeigten wieder ausschließlich ihre eigenen Farben: Preußen den schwarzen Adler auf weißem Grund, Österreich die rot-weiß-rote Flagge mit dem österreichischen Wappen.

Immerhin aber war man sich in beiden Staaten durch die schleswig-holsteinischen Ereignisse der Bedeutung eigener kampfkräftiger Kriegsschiffe bewußt geworden. Zwei seebefahrene Prinzen aus den regierenden Häusern waren es, die bald das Kommando der neugeschaffenen zentralen Flottenbehörden übernahmen. Als erster preußischer Admiral wurde Prinz Adalbert Chef der 1853 eingerichteten Admiralität. In Österreich wurde im gleichen Jahre Erzherzog Ferdinand Max, der Bruder des Kaisers Franz Joseph und spätere Kaiser von Mexiko, Marine-Oberkommandant mit dem Titel eines Vize-Admirals. Der erfolgreiche Aufstand der italienischen Besatzungen der österreichischen Marine im März 1848 in Venedig, der im Sommer niedergeschlagen wurde, hatte eine Neuorganisation der Flotte mit deutscher Kommandosprache zur Folge; statt Venedig war jetzt Pola ihr Stützpunkt. Beide Prinzen wurden auch Initiatoren und Förderer der Auslandsreisen für Schiffe, die neben Ausbildungs- und Repräsentationszwecken in zunehmendem Maße wichtigen meeres- und völkerkundlichen Forschungsaufgaben dienten.

Prinz Adalbert von Preußen beteiligte sich selbst am Entwurf der beiden schnellen, 530 BRT großen Rad-Avisos *Nix* und *Salamander*, die 1850 bei Robinson und Russell in London vom Stapel liefen, 13 Knoten Fahrt machen konnten, sich aber nicht bewährten. Sie wurden 1855 mit der britischen Admiralität gegen die Schulfregatte *Thetis* getauscht. Im November 1851 lief auf der Königlichen Werft in Danzig das erste im eigenen Lande erbaute größere preußische Kriegsschiff vom Stapel, die Radkorvette *Danzig*. Sie war ein Eichenholzkraweelbau von 1200 BRT mit Kupferbeschlag, fast 76 m lang und machte reichlich 11 Knoten Fahrt. Bewaffnet mit zwölf 68pfündigen englischen Bombenkanonen, wurde sie das erste Flaggschiff des Prinzen, von dem aus dieser 1856 das Landungsgefecht gegen die Rifpiraten bei Tres Forcas an der marokkanischen Küste unternahm.

Nach Auslandsreisen wurde die *Danzig* 1863 zunächst nach England und dann nach Japan verkauft, wo sie 1869 ausbrannte. Als Schulschiff wurde 1854 der auf der Königlichen Werft in Danzig gebaute Schoner *Helga* in Dienst gestellt (s. Seite 61).

Vor allem für Auslandsfahrten wurden zwischen 1855 und 1869 fünf hölzerne Fregatten ähnlichen Typs gebaut: *Arcona, Gazelle, Vineta, Hertha* und *Elisabeth,* die ersten preußischen Kriegsschiffe mit Schraubenantrieb. *Arcona* war 1527 BRT groß, 72 m lang, 13 m breit, erreichte gut 12 Knoten Fahrt und war mit sechs 68-pfündigen und zwanzig 36pfündigen Kanonen bestückt. Sie war viel auf Auslandsreisen, nahm, mit dem preußischen Kronprinzen an Bord, 1869 an der Eröffnung des Suezkanals teil und konnte sich, 1870 auf den Azoren vom Kriege überrascht und überlegenen französischen Gegnern ausweichend, nach Lissabon durchschlagen. 1876 wurde sie in Kiel abgewrackt. Zusammen mit der *Thetis* und dem 1855 gebauten Schoner *Frauenlob* machte sie in den Jahren 1859–62 eine Ostasienreise nach China und Japan. In einem Taifun vor Japan am 2. September 1860, dem die *Frauenlob* zum Opfer fiel, entging auch sie nur knapp dem Untergang. *Frauenlob* war aus den Mitteln einer im Revolutionsjahr 1848 von deutschen Frauen in ganz Deutschland durchgeführten Spendensammlung 1849–56 auf der Werft Lübke in Wolgast erbaut worden. Als Holzkraweelbau mit 94 BRT und 32 m Länge segelte sie, als Gaffelschoner getakelt, 13 Knoten. Sie hatte 5 Offiziere und 42 Mann Besatzung, die sämtlich mit dem Schiff untergingen. Ähnlichen Typs wie die *Frauenlob* war der Schoner *Hela* (s. Seite 61).

Der unten abgebildete Holzschnitt aus dem Jahre 1860 zeigt links die *Arcona,* in der Mitte die *Thetis,* rechts die *Frauenlob.* Der Holzschnitt oben rechts schildert die Äquatortaufe an Bord der *Arcona* während ihrer Heimreise im Jahre 1861.

Der rechts abgebildete Aviso *Grille* lief im September 1857, als preußische königliche Yacht bestimmt, in der Werft Normand in Havre vom Stapel. 1870 bestand sie bei Rügen ein Gefecht gegen französische Seestreitkräfte. Später mehrfach umgebaut, seit 1892 Schulschiff, war sie das langlebigste Schiff der deutschen Marine. 1920 wurde sie in Hamburg abgewrackt. Kraweel in Mahagonie gebaut, war sie 326 BRT groß, fast 57 m lang und machte, als Dreimastschoner getakelt und mit einer einfachen englischen Expansionsmaschine ausgerüstet, 13 Knoten Fahrt.

Die österreichische Segelfregatte *Novara*, die 1850 in Venedig von Stapel gelaufen war, machte in den Jahren 1857–59 auf Anregung des Erzherzogs Ferdinand Max eine Weltumseglung. Es war die erste bedeutende wissenschaftliche Expedition eines deutschen Kriegsschiffes, die gleichzeitig der seemännischen Ausbildung des Offiziersnachwuchses diente. Von Triest über Gibraltar ging es über den Atlantik nach Rio, von dort ums Kap der Guten Hoffnung in den Indischen Ozean. Auf verschiedenen Inseln, St. Paul, Ceylon, den Nikobaren und Java wurde Station gemacht, und es wurden Forschungsreisen ins Innere unternommen. Über Schanghai, Australien, Neuseeland und dem Pazifik ging es über Valparaiso zurück nach Triest, wo das Schiff am 26. August 1859 eintraf.

Die hier abgebildeten Holzstiche geben einen Eindruck vom Leben an Bord während der Reise: oben ein «Ball» der Mannschaften an Deck, oben rechts Gottesdienst, unten rechts der Speiseraum der Offiziere und mitreisenden Wissenschaftler.

Auf dem Bild oben ist die Ankunft der *Novara* im Hafen von Triest dargestellt. Links die *Novara*, ihr folgen die Dampfjacht *Fantasie*, die Fregatte *Adria* und eine weitere Fregatte.

Österreich investierte in jenen Jahren um etliches mehr im Flottenbau als Preußen. Schon 1857 war ein Geschwader im Dienst, das aus den vier Schraubenfregatten *Adria, Donau, Erzherzog Friedrich* und *Dandolo* bestand. In Pola lief 1860 das Linienschiff *Kaiser* vom Stapel; 1862/63 wurden die Panzerfregatten *Don Juan, Kaiser Max, Prinz Eugen, Ferdinand Max* und *Habsburg* fertiggestellt, die vorhandenen Segelfregatten, unter ihnen *Novara* und *Schwarzenberg*, erhielten Schraubenantrieb.

Rechts: Panzerfregatte *Kaiser* vor Kopenhagen (s. Seite 58), Ausschnitt aus einem Gemälde von Carl Locher im Besitz des Kieler Yachtclubs.

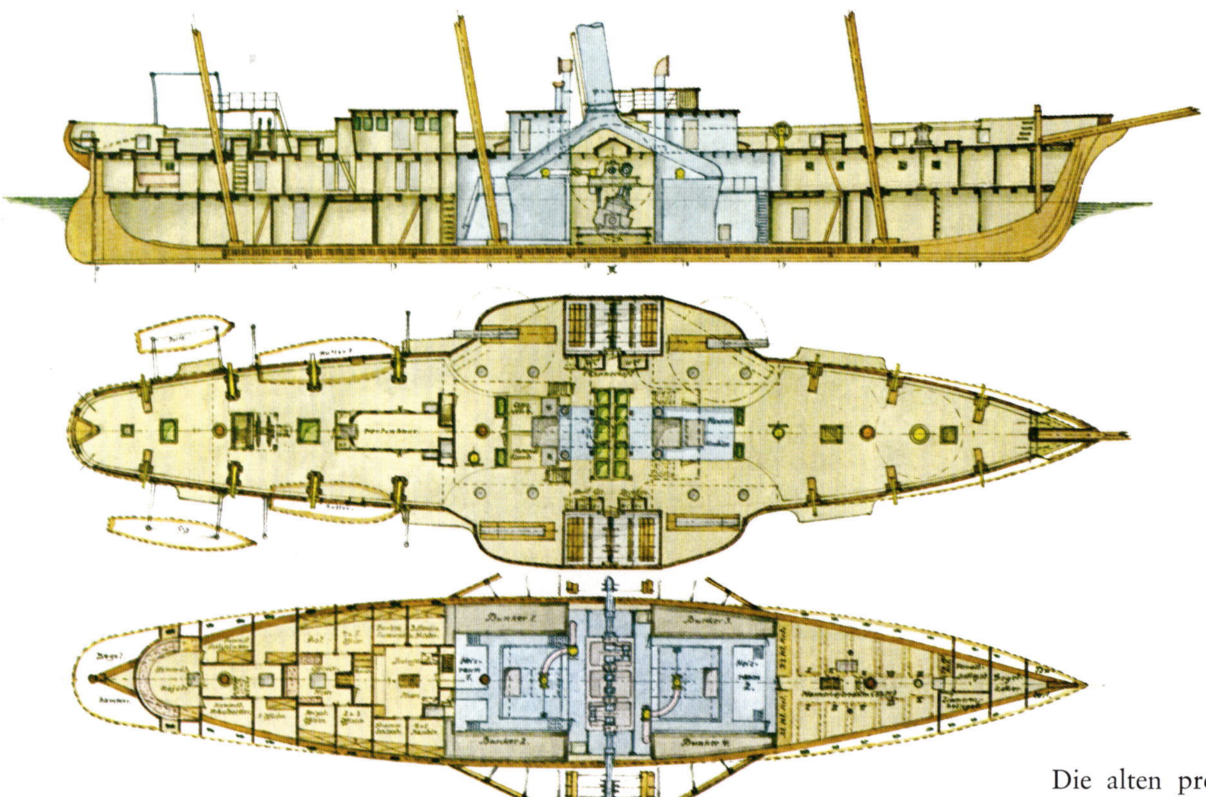

Die alten preußischen Ruderkanonenboote wurden 1870 außer Dienst gestellt und zwei wesentlich größere Dampfkanonenboote als die der bisherigen Jäger- und Chamäleon-Klasse gebaut: *Albatross* und *Nautilus*. Bei 413 BRT und 57 m Länge machten sie mit zwei Einfach-Expansionsmaschinen, als Barkentine mit 710 qm Segelfläche getakelt, 11 Knoten Fahrt. Sie waren beide bis 1888 als Vermessungsschiffe in ausländischen Gewässern tätig. Ein Plan der *Nautilus*, vermutlich in der Version eines nicht ausgeführten Entwurfes als Raddampfer, ist links abgebildet. Das fertige Schiff hatte Schraubenantrieb.

# Die Kaiserliche Marine 1871–1888

Im Deutsch-Französischen Krieg von 1870/71 kam es zu keinen nennenswerten Aktionen der mehrfach überlegenen französischen Flotte gegen deutsche Schiffe und Küsten, da, ähnlich wie 1864 im dänischen Krieg, die Entscheidung durch das siegreiche Heer überraschend schnell erfolgte. Wie schon erwähnt, machte *Nymphe* einen kleinen Vorstoß gegen blockierende französische Schiffe vor Danzig, und *Augusta* brachte einige kleinere Handelsschiffe vor der Girondemündung auf. Außerdem kam es zwischen dem der Jägerklasse angehörenden Kanonenboot *Meteor* und dem französischen Aviso *Bouvet* zu einem kleinen Gefecht vor Havannah.

Nach der Reichsgründung im Januar 1871 in Versailles wurde dann aus der Norddeutschen Bundesflotte die Kaiserliche Marine, die Flotte des Reiches unter preußischem Oberbefehl in der Person Kaiser Wilhelms I. Das bisherige Marineministerium wurde 1872 in «Kaiserliche Admiralität» umbenannt, deren erster Chef General der Infanterie von Stosch wurde.

Diese Kaiserliche Marine hatte in den ersten Jahrzehnten keinen Ehrgeiz, mit den großen Hochseeflotten etwa Englands oder auch Frankreichs zu konkurrieren. Verteidigung der Küsten und Schutz des deutschen Seehandels waren ihre Hauptaufgaben, wie Stosch in einer Denkschrift formulierte.

Nach seinen Plänen sollten zwei Auslandsstationen, in Ostasien und in Westindien, mit je zwei Korvetten und einem Kanonenboot besetzt werden, ein weiteres «fliegendes» Auslandsgeschwader sollte eine Panzerfregatte, zwei Korvetten und ein Kanonenboot, sowie als Reserve drei Panzerfregatten, drei Korvetten und zwei Kanonenboote umfassen. Die Hauptstreitmacht aber sollte der Küstensicherung dienen; von dieser acht Panzerfregatten in der Nordsee und sechs in der Ostsee. Alles in allem also das Konzept einer Defensivflotte, deren Ausbau nun zügig in Angriff genommen wurde. Bis 1882 sollten zu den bisher vorhandenen und den bereits geplanten Schiffen acht Panzerfregatten, sechs Panzerkorvetten, sieben gepanzerte Monitore, 20 ungepanzerte Kreuzerkorvetten, 6 Avisos, 18 Kanonenboote sowie 28 Torpedofahrzeuge und 5 Schulschiffe hinzukommen.

Das Bild links zeigt auf einem zeitgenössischen Holzschnitt ein Übungsgeschwader der neuen Kaiserlichen Marine auf der Danziger Reede. Es besteht aus der Panzerfregatte *Kronprinz* (als Flaggschiff mit der Admiralsflagge im Topp des Besanmastes und aus zwei Pforten nach Steuerbord schießend), der Panzerfregatte *Friedrich Carl* rechts daneben und der Glattdeckskorvette *Ariadne*.

Auf dem Bild oben ist das «deutsche Reichsgeschwader» im Jahre 1872 dargestellt. Von links nach rechts sind es die Schiffe *Vineta, Gazelle, Friedrich Carl* (als Flaggschiff des Geschwaderchefs Kapitän zur See Werner mit dem Kommodore-Stander im Topp des Großmastes), *Albatross* und *Elisabeth*.

Zu Beginn des Jahres 1870 wurde das alte britische Schraubenlinienschiff *Renown* zur Verwendung als Artillerieschulschiff angekauft (s. Seite 61). Auf der Kaiserlichen Werft in Danzig begann im selben Jahr der Bau der Glattdeckskorvette *Ariadne* (Abbildung links). Sie lief im Juli 1871 vom Stapel, war 1872 bis 1890 in Dienst, meist auf Auslandsreisen, und wurde 1891 in Hamburg abgewrackt. In allen technischen Einzelheiten entsprach sie ihrem Schwesterschiff *Luise* (s. Seite 66).

Eine Reihe gedeckter Kreuzerkorvetten lief ab Mitte der siebziger Jahre auf verschiedenen Werften vom Stapel. Es waren *Bismarck*, *Blücher*, *Stosch*, *Moltke*, *Gneisenau* und *Stein*. Diese alle mit einer Expansionsmaschine ausgerüsteten und mit 2210 qm als Vollschiffe getakelten Korvetten der Bismarckklasse wurden zeitweilig auch als Schiffe 3. Ranges bezeichnet.

Das oben wiedergegebene Gemälde von Alex Kircher zeigt von links nach rechts *Stosch*, *Gneisenau* und *Moltke*.

*Stosch* lief im Oktober 1877 bei der A.G. Vulcan in Stettin vom Stapel, war bis 1886 im Auslandsdienst und dabei 1885 an der Unternehmung in Sansibar beim Erwerb von Deutsch-Ostafrika beteiligt, wurde 1891 Schulschiff und 1907 außer Dienst gestellt und abgewrackt. *Moltke* lief im Oktober 1877, *Gneisenau* im September 1879 auf der Kaiserlichen Werft in Danzig vom Stapel, auch sie machten Auslandsdienst und waren später Schulschiffe; *Moltke* wurde 1920 in Kiel abgewrackt. *Gneisenau* ging, nach Einsätzen 1884 vor Kamerun und 1885 vor Sansibar, am 16. Dezember 1900 im Sturm vor Malaga verloren, wobei 41 Besatzungsmitglieder, unter ihnen der Kommandant, Kapitän zur See Kretschmann, den Tod fanden. Die aus dem Wasser ragenden demolierten Masten des Schiffes waren noch viele Jahre später sichtbar.

Die Schiffe der Bismarck-Klasse hatten ursprünglich 18 Offiziere und 386 Mann Besatzung, als Schulschiffe rund 450 Mann. *Stosch* und *Moltke* besaßen zehn, *Gneisenau* vierzehn 15-cm-Ringkanonen, jedes Schiff außerdem zwei 8,8-cm-Schnellfeuerkanonen.

Die Photographie rechts zeigt die Radkorvette *Preußischer Adler*, die 1864 am Gefecht von Helgoland teilgenommen hatte. Sie war 1846 bei Dutchburn & Mare in London vom Stapel gelaufen und verkehrte bis zur Übernahme durch die preußische Marine 1862 als Postdampfer zwischen Swinemünde und Kronstadt. Seit 1868 war sie Königliche Yacht, aus dieser Zeit stammt die Aufnahme. 1879 wurde sie bei Torpedoversuchen in Kiel gesprengt.

Das Bild unten zeigt eine Photographie der *Gefion* und der *Rover* aus den siebziger Jahren.

Die Panzerfregatten *Kaiser* und *Deutschland,* zwei 1872 auf der Werft von Bermuda Brothers in Poplar bei London vom Stapel gelaufene Kasemattschiffe Ersten Ranges, waren die letzten im Ausland gebauten größeren deutschen Kriegsschiffe. Sie verdrängten 7600 t, waren 89 m lang, hatten einfache Expansionsmaschinen, trugen als Vollschiffe 1623 qm Segel und machten 14,5 Knoten. Bewaffnet waren sie mit je acht 26-cm-Ringkanonen und hatten 32 Offiziere und 568 Mann Besatzung. *Kaiser* war 1888 Flaggschiff des Geschwaders, mit dem Wilhelm II. seine erste Staatsreise nach St. Petersburg, Stockholm und Kopenhagen machte (s. Seite 53); beide Schiffe wurden Mitte der neunziger Jahre zu Großen Kreuzern ohne Segeltakelage umgebaut und dienten seit 1904 als Hafenschiffe; *Deutschland* wurde 1909, *Kaiser* 1920 abgewrackt.

Die rechts abgebildete Darstellung vom Stapellauf der *Kaiser* in Poplar läßt deutlich die seitlich ausladende Backbordkasematte zur Aufnahme der Geschütze erkennen. Das Bild unten zeigt die *Kaiser* nach der Indienststellung im Jahre 1875 als Flaggschiff mit der Admiralsflagge des in diesem Jahre zum Admiral ernannten Marinechefs von Stosch im Vortopp.

Ebenfalls aus dem Jahre 1875 stammt das nebenstehende Bild von einer Parade der vor dem Kaiser salutierenden Panzerfregatten *König Wilhelm, Kaiser, Kronprinz,* der Panzerkorvette *Hansa* (s. Seite 68), des 1865 erbauten Aviso *Falke* und des Monitors *Arminius* (von links nach rechts).

HERMANN PENNER

Die in England gebauten Schulschiffe *Musquito* (links) und *Rover* (unten) sind hier auf alten Photographien der siebziger Jahre wiedergegeben. 1851 bzw. 1853 auf dem Royal Dockyard im Pembroke vom Stapel gelaufen, wurden sie zehn Jahre später von der preußischen Marine angekauft und waren, als Brigg getakelt, bis 1886 bzw. 1890 in Dienst.

Rechts eine Aufnahme des Schulschiffes *Hela*, ebenfalls aus den siebziger Jahren. Wie ihr Schwesterschiff *Frauenlob* aus Geldsammlungen deutscher Frauen war die *Hela* aus Sammlungen preußischer Urwähler in den Jahren 1848/49 finanziert worden, lief 1853 auf der Königlichen Werft vom Stapel, war zunächst als Toppsegelschoner mit 523 qm, ab 1860 als Brigg mit 604 qm getakelt, trug drei schwere und sechs leichte 24-Pfund-Kanonen und glich im übrigen der *Frauenlob*. 1871 wurde sie außer Dienst gestellt und abgewrackt.

Das Bild links zeigt eine Photographie des in Wilhelmshaven liegenden Artillerie-Schulschiffes *Renown* aus den siebziger Jahren. Sie war eines der originellsten Schiffe der deutschen Marine, zudem das einzige große hölzerne Linienschiff alten Stils, das die deutsche Flotte je besessen hat, und 1870 in England gekauft worden. Als britisches Linienschiff zweiten Ranges war sie 1857 auf dem Royal Dockyard in Portsmouth vom Stapel gelaufen, kraweel gebaut, 74 m lang, verdrängte 5700 t und machte mit einer einfachen Expansionsmaschine, Schraubenantrieb und 4500 qm-Vollschifftakelung 10 Knoten Fahrt. Auf zwei Batteriedecks, die von außen durch die bei den alten Linienschiffen üblichen, dekorativen weißen Portenbänder gekennzeichnet waren, hatte sie Platz für 91 Kanonen, die aus dem britischen Marinearsenal Woolwich stammten. Von der deutschen Flotte war sie für Schulzwecke erworben worden. Sie lag dann, mit 42 Offizieren und 477 Mann Besatzung, entsprechend den Ausbildungs- und Erprobungszwecken wechselnd bestückt, zunächst als Artillerieschulschiff, ab 1881 als Wohnhulk in Wilhelmshaven; 1892 wurde sie zum Abbruch wieder nach England verkauft.

Die Abbildung oben zeigt die Panzerschiffe *Preußen* und *Hansa*, das Bild links das Panzerschiff *Friedrich der Große* beim Stapellauf am 20. September 1874 in Kiel, das Bild rechts das gleiche Schiff nach der Indienststellung.

Waren die preußisch-deutschen Panzerfregatten *Kronprinz, Kaiser* und *Deutschland* noch Entwürfe des englischen Konstrukteurs Sir E. Reed gewesen, so war die 1872 auf der Kaiserlichen Werft in Danzig vom Stapel gelaufene *Hansa* (s. Seite 68) das erste Panzerschiff, das nach deutschen, in der Konstruktionsabteilung der Norddeutschen Bundesmarine entwickelten Plänen gebaut wurde. Sie war noch eine mit Schmiedeeisen auf Teakholz gepanzerte Schraubenkorvette von 73 m Länge und 3950 t Deplacement, hatte eine einfache Expansionsmaschine, Vollschifftakelung mit 1760 qm Segelfläche, lief 13 Knoten, war als Kasemattschiff mit acht 21-cm-Ringkanonen bewaffnet und hatte 28 Offiziere und 371 Mann Besatzung. Zunächst im Flottendienst, war sie von 1878 bis 1880 in Südamerika, danach Hafenwachtschiff in Kiel, seit 1888 Wohnhulk, und wurde 1906 in Swinemünde abgewrackt.

Unter Admiral von Stosch, beeinflußt durch den Reichstag, der auf Unabhängigkeit vom Ausland im Flottenbau drängte, wurden dann alle wichtigen künftigen Neubauten in Deutschland konstruiert und auf deutschen Werften ausgeführt. Ebenfalls noch nach amtlichen Entwürfen der Bundesmarine wurden die ersten mit Geschütztürmen ausgerüsteten deutschen Panzerschiffe gebaut, die drei 6821 t großen, 96 m langen Fregatten der Preußenklasse: *Preußen* (Stapellauf 1873 bei A. G. Vulcan in Stettin), *Friedrich der Große* (Stapellauf 1874 auf der Kaiserlichen Werft in Kiel) und *Großer Kurfürst* (Stapellauf 1875 auf der Kaiserlichen Werft in Wilhelmshaven). Sie alle hatten Schmiedeeisen-Panzerung auf Teakholzplanken, einfache Expansionsmaschinen deutscher Produktion und Vollschifftakelung mit 1834 qm Segelfläche, liefen 14 Knoten und hatten Besatzungen von 46 Offizieren und 454 Mann. *Preußen* machte bis 1891 Flottendienst, war dann Hafenschiff in Wilhelmshaven, wurde 1903 nach Indienststellung des neuen Linienschiffes *Preußen* in *Saturn* umbenannt, seit 1906 als Kohlenhulk verwendet und 1919 in Wilhelmshaven abgewrackt. Die gleichen Daten treffen für das Panzerschiff *Friedrich der Große* zu, es wurde lediglich ein Jahr später, 1920, und zwar in Rönnebeck, abgewrackt, während das Schwesterschiff *Großer Kurfürst* schon 1878 bei Verbandsübungen vor Folkestone im Kanal durch Kollision mit dem Panzerschiff *König Wilhelm* verlorenging. Weil versehentlich die Schotten nicht geschlossen waren, sank das Schiff so schnell, daß 269 Besatzungsmitglieder den Tod fanden.

Die links wiedergegebene Schraubenfregatte *Gazelle*, ein Schwesterschiff der *Arcona*, 1859 auf der Königlichen Werft in Danzig vom Stapel gelaufen, war viel im Ausland, machte 1874–76 auf einer Weltumsegelung bedeutende wissenschaftliche Forschungen, vor allem bei Neuguinea, die Anstoß zum späteren Erwerb des dortigen deutschen Schutzgebietes gaben.

Auch die rechts abgebildete, 1864 in Danzig vom Stapel gelaufene *Hertha* war ein Schwesterschiff der *Arcona* und unternahm, ebenfalls meist im Ausland, unter anderem 1882 eine Expedition gegen das westafrikanische Königreich Dahome. *Gazelle* und *Hertha* wurden 1884 außer Dienst gestellt und dienten dann bis zu dem 1902 bzw. 1906 erfolgten Abwracken als Wohn- und Kohlenhulk.

Die Abbildung links ist eine Aufnahme der Panzerfregatte *Kronprinz* aus den siebziger Jahren.

Das Bild links zeigt die Glattdeckkorvette *Nymphe,* das Schwesterschiff der *Medusa,* während einer ihrer zahlreichen Auslandsreisen in einem Mittelmeerhafen. 1871–75 machte sie eine Weltumsegelung.

Gerade der Typ dieser als Vollschiff getakelten, mit Schraubenantrieb ausgerüsteten Korvetten war vorzüglich für den Kreuzerdienst in Übersee geeignet und dementsprechend eingesetzt, während die schwereren gepanzerten Fregatten zur Heimatflotte gehörten. 1876 zum Beispiel waren von den Korvetten und Schulschiffen außer *Arcona* und *Albatross* alle auf Auslandsreisen unterwegs. Dabei legten sie durchschnittlich zwei Drittel der Distanzen unter Segel, ein Drittel unter Dampf zurück. Die Aufgaben während dieser Fahrten waren vielfältig: wissenschaftliche Expeditionen meereskundlicher, ethnographischer und geographischer Art, vor allem auch zu Vermessungszwecken; Ausbildungsreisen für Schiffsjungen und Kadetten; Wahrung der deutschen Handelsinteressen einschließlich kleinerer politischer Unternehmen, wenn es galt, zur Geltendmachung von wirtschaftlichem und diplomatischem Einfluß »die Flagge zu zeigen«. Das geschah unter anderem 1872 mit *Vineta* und *Gazelle* in Haiti, 1876 mit vier Korvetten und zwei Kanonenbooten in China und im gleichen Jahr mit einem Panzergeschwader vor Saloniki gegenüber den Türken sowie 1878 mit *Elisabeth, Leipzig, Medusa* und *Ariadne* in Mittelamerika.

Die unten abgebildete Glattdeckskorvette *Luise,* Schwesterschiff der ihr gleichenden *Ariadne* und der in Einzelheiten wenig abweichenden *Freya,* lief 1874 bei der Kaiserlichen Werft in Danzig vom Stapel. Als Holzkraweelbau hatte sie 1692 t Wasserverdrängung, war 68 m lang und lief mit einer Zweifachexpansionsmaschine und 1582 qm Segelfläche, als Vollschiff getakelt, 14 Knoten. Die Besatzung zählte 13 Offiziere und 220 Mann. Bewaffnet war sie mit sechs 15-cm-Ringkanonen und zwei 12-cm-Ringkanonen. Sie war von 1875 bis 1880 in Ostasien, danach zwei Jahre in Südamerika, von 1885 bis 1888 Schulschiff, dann Hafenschiff in Kiel und wurde 1897 in Hamburg abgewrackt.

Der oben abgebildete Aviso *Hohenzollern* lief 1876 bei der Norddeutschen Schiffbau AG. in Kiel vom Stapel. Als Eisenbau mit 1707 t Wasserverdrängung und 90 m Länge hatte er Schonertakelung von 356 qm Segelfläche und erreichte mit seinen von einer einfachen Expansionsmaschine angetriebenen Schaufelrädern 16 Knoten Fahrt. Die Besatzung zählte 9 Offiziere und 136 Mann, bewaffnet war er mit zwei 12,5-cm-Ringkanonen. 1880 als Kaiserliche Yacht in Dienst gestellt, erhielt das Schiff 1892 nach der Vollendung der neuen Yacht *Hohenzollern* Wilhelms II. den Namen *Kaiseradler*, wurde 1904 Eigentum des deutschen Kronprinzen und schließlich 1912 in Danzig abgewrackt.

Die links abgebildete *Undine* gehörte zur Klasse der Schulschiffe *Musquito* und *Rover*. Sie lief 1869 auf der Königlichen Werft in Danzig vom Stapel, hatte 670 t Wasserverdrängung und 42 m Länge, war mit acht 24pfündigen Kanonen bestückt und zählte 8 Offiziere und 142 Mann Besatzung. 1871 als Schulschiff für Schiffsjungen in Dienst gestellt, strandete sie 1884 während eines Orkans an der nordjütischen Küste; die Besatzung konnte bis auf einen Mann gerettet werden.

1876 wurde der Aviso *Zieten* bei den Thames Iron Works in London gebaut, ein eisernes Schiff, mit zwei Zweifachexpansionsmaschinen ausgerüstet und als Schoner mit 355 qm Segelfläche getakelt. Bei 1001 t Wasserverdrängung und 80 m Länge machte es bei der Probefahrt 16.3 Knoten Fahrt. Es war als Torpedoversuchsfahrzeug in Auftrag gegeben und hatte ein Bug- und ein Hecktorpedorohr von 38 cm Kaliber unterhalb der Wasserlinie. Sein Kommandant war von 1878 bis 1888 Tirpitz, der spätere Großadmiral, in dessen Händen in diesen Jahren der Aufbau der deutschen Torpedowaffe lag. 1899 erhielt die *Zieten* einen Mittelaufbau und war bis 1914 Fischereischutzboot. Aus dieser Zeit stammt das Bild oben. 1919 wurde das Schiff außer Dienst gestellt und 1921 abgewrackt.

Das Bild links zeigt eine alte Photographie der im Kieler Hafen an der Boje liegenden Panzerkorvette *Hansa*.

Rechts ist eine Aufnahme des ebenfalls im Kieler Hafen an der Boje liegenden Panzerschiffes *Preußen* wiedergegeben.

Die oben abgebildete *Iltis* war seit ihrer Indienststellung im Jahre 1880 in Ostasien. Am 23. Juli 1896 geriet sie im Gelben Meer in einen Taifun und wurde südöstlich des Kaps Schantung an die Felsenküste geworfen und sank. Die fünf Offiziere der Besatzung einschließlich ihres Kommandanten Kapitänleutnant Otto Braun und 71 Mann fanden den Tod, nur 11 Mann wurden gerettet.

Das Bild links ist eine Photographie der zur Bismarck-Klasse gehörenden gedeckten Korvette *Gneisenau*.

Der Dienst an Bord richtete sich streng nach der sogenannten «Routine», die für alle Schiffe auf Stunde und Minute genau festlegte, wann aufgestanden, gegessen oder welche Arbeiten verrichtet wurden. Die Tradition dieser Routine hat sich, wie auch ähnlich in anderen Marinen, in vielen Zügen bis nach dem Zweiten Weltkrieg erhalten. Um 5.00 Uhr wurde vom Bootsmann zum Wecken gepfiffen, um 5.05 Uhr mußten bereits die gezurrten, das heißt zusammengeschnürten Hängematten, in denen die Mannschaften nachts geschlafen hatten, verstaut werden, von 5.10 bis 5.40 Uhr fand das «Sichwaschen» und «Anziehen» statt, um 5.40 Uhr be-

1876 wurde der Aviso *Zieten* bei den Thames Iron Works in London gebaut, ein eisernes Schiff, mit zwei Zweifachexpansionsmaschinen ausgerüstet und als Schoner mit 355 qm Segelfläche getakelt. Bei 1001 t Wasserverdrängung und 80 m Länge machte es bei der Probefahrt 16.3 Knoten Fahrt. Es war als Torpedoversuchsfahrzeug in Auftrag gegeben und hatte ein Bug- und ein Hecktorpedorohr von 38 cm Kaliber unterhalb der Wasserlinie. Sein Kommandant war von 1878 bis 1888 Tirpitz, der spätere Großadmiral, in dessen Händen in diesen Jahren der Aufbau der deutschen Torpedowaffe lag. 1899 erhielt die *Zieten* einen Mittelaufbau und war bis 1914 Fischereischutzboot. Aus dieser Zeit stammt das Bild oben. 1919 wurde das Schiff außer Dienst gestellt und 1921 abgewrackt.

Das Bild links zeigt eine alte Photographie der im Kieler Hafen an der Boje liegenden Panzerkorvette *Hansa*.

Rechts ist eine Aufnahme des ebenfalls im Kieler Hafen an der Boje liegenden Panzerschiffes *Preußen* wiedergegeben.

Die oben abgebildete *Iltis* war seit ihrer Indienststellung im Jahre 1880 in Ostasien. Am 23. Juli 1896 geriet sie im Gelben Meer in einen Taifun und wurde südöstlich des Kaps Schantung an die Felsenküste geworfen und sank. Die fünf Offiziere der Besatzung einschließlich ihres Kommandanten Kapitänleutnant Otto Braun und 71 Mann fanden den Tod, nur 11 Mann wurden gerettet.

Das Bild links ist eine Photographie der zur Bismarck-Klasse gehörenden gedeckten Korvette *Gneisenau*.

Der Dienst an Bord richtete sich streng nach der sogenannten «Routine», die für alle Schiffe auf Stunde und Minute genau festlegte, wann aufgestanden, gegessen oder welche Arbeiten verrichtet wurden. Die Tradition dieser Routine hat sich, wie auch ähnlich in anderen Marinen, in vielen Zügen bis nach dem Zweiten Weltkrieg erhalten. Um 5.00 Uhr wurde vom Bootsmann zum Wecken gepfiffen, um 5.05 Uhr mußten bereits die gezurrten, das heißt zusammengeschnürten Hängematten, in denen die Mannschaften nachts geschlafen hatten, verstaut werden, von 5.10 bis 5.40 Uhr fand das «Sichwaschen» und «Anziehen» statt, um 5.40 Uhr be-

gann das «Rein Schiff», das allgemeine Saubermachen, was im Sommer barfuß geschah. Um 6.50 Uhr hieß es «Backen und Banken», die «Backschafter», das waren die jeweils für den täglichen Tischdienst eingeteilten Leute, richteten die meist unter dem Deck angeschlagenen Tische und Bänke, die «Backen und Banken», her und holten Kaffee aus der Kombüse. Von 7.00 bis 7.40 Uhr war dann Frühstückspause, anschließend Deckaufklaren und um 8.00 Uhr Flaggenparade an Oberdeck. Um 8.10 begann das Geschützreinigen, um 8.45 Uhr das Reinigen der Handfeuerwaffen, um 9.00 Uhr hieß es «Klarmachen» (Vorbereiten) zur Musterung, um 9.10 war die tägliche Musterung, die beim Landheer «Appell» hieß. Von 9.30 bis 11.30 Uhr war allgemeines Exerzieren, dann wurde «Klar Deck» gepfiffen und das Deck gefegt und aufgeräumt. Um 11.45 hieß es wieder «Backen und Banken», und um 12.00 wurde das Signal «Alle Mann Mittag» gegeben. Das Mannschaftsessen bestand aus Fleisch oder Salzfleisch, entweder mit Hülsenfrüchten und Kartoffeln, mit Backobst und Klößen, oder es wurde mit Kartoffelbrei als «Labskaus» zusammengekocht. Kommandant, Schiffsarzt und Zahlmeister waren verpflichtet, das Essen zu kosten, aßen selbst aber meist etwas Besseres. Im Hafen durften während der Mittagspause Händler mit Lebensmitteln und Gebrauchsgegenständen an Bord kommen, mußten jedoch um 13.45 das Schiff wieder verlassen haben. Von 14.00 bis 16.00 Uhr war «Divisionsdienst»: Unterricht, Kleidermusterung, Gewehrschießen und dergleichen. Um 16.00 Uhr war wieder «Klar Deck» und kurze Pause, von 16.30 bis 17.30 Uhr noch einmal eine Stunde Dienst, um 17.30 Uhr Dienstschluß und endgültig «Klar Deck», um 17.50 zum letzten Mal «Backen und Banken» und um 18.00 Abendessen, das aus Tee und Butterbrot bestand. Während der anschließenden Freizeit mußten auch die Kartoffeln für den nächsten Tag geschält werden. Um 20.50 wurden noch einmal die Decks gefegt, in den unteren Schiffsräumen «Pfeifen und Lunten aus»-gemacht, da nachts nur an Deck geraucht werden durfte, und um 21 Uhr, nachdem der Spielmann den Zapfenstreich geschlagen oder geblasen hatte, erscholl der Pfiff: «Ruhe im Schiff».

Auf See richtete sich der Dienst nach der «Seeroutine»: Wecken, Flaggenparade und Zapfenstreich fielen fort, weil die Besatzung, in «Wachen» eingeteilt, sich im Dienst Tag und Nacht alle vier Stunden ablöste. Von großer Wichtigkeit für die Freizeit war die Schiffskapelle, in einer Zeit, da es weder Radio, Schallplatten noch Tonbänder gab. Es wurde viel gesungen, auch die berühmten seemännischen Arbeitslieder, die Shanties. Nicht selten wurde unter den Mannschaften auch zur Musik der Kapelle getanzt, und es gab eine Reihe typischer Freizeitspiele wie das «Schinkenkloppen», von dem die unten wiedergegebene Photographie vom Deck der Korvette *Stosch* einen Begriff gibt.

Das Bild unten gibt ein bedrucktes Schnupftuch aus dem Jahre 1895 wieder mit den wichtigsten beim Regierungsantritt Wilhelm II. in Dienst, bzw. im Bau befindlichen neueren Schiffstypen. Lediglich das der Brandenburg-Klasse angehörende Panzerschiff *Kurfürst Friedrich Wilhelm* und die Yacht des Kaisers, die neue *Hohenzollern,* wurden erst nachher entworfen und in Dienst gestellt. Das Medaillon in der Mitte zeigt links den Kaiser, rechts seinen Bruder Prinz Heinrich, der schon seit 1877 Marineoffizier war und 1895 zum Konteradmiral befördert wurde, sowie seinen Sohn, den Prinzen Adalbert, der 1894 als Unterleutnant zur See in die Marine eingetreten war.

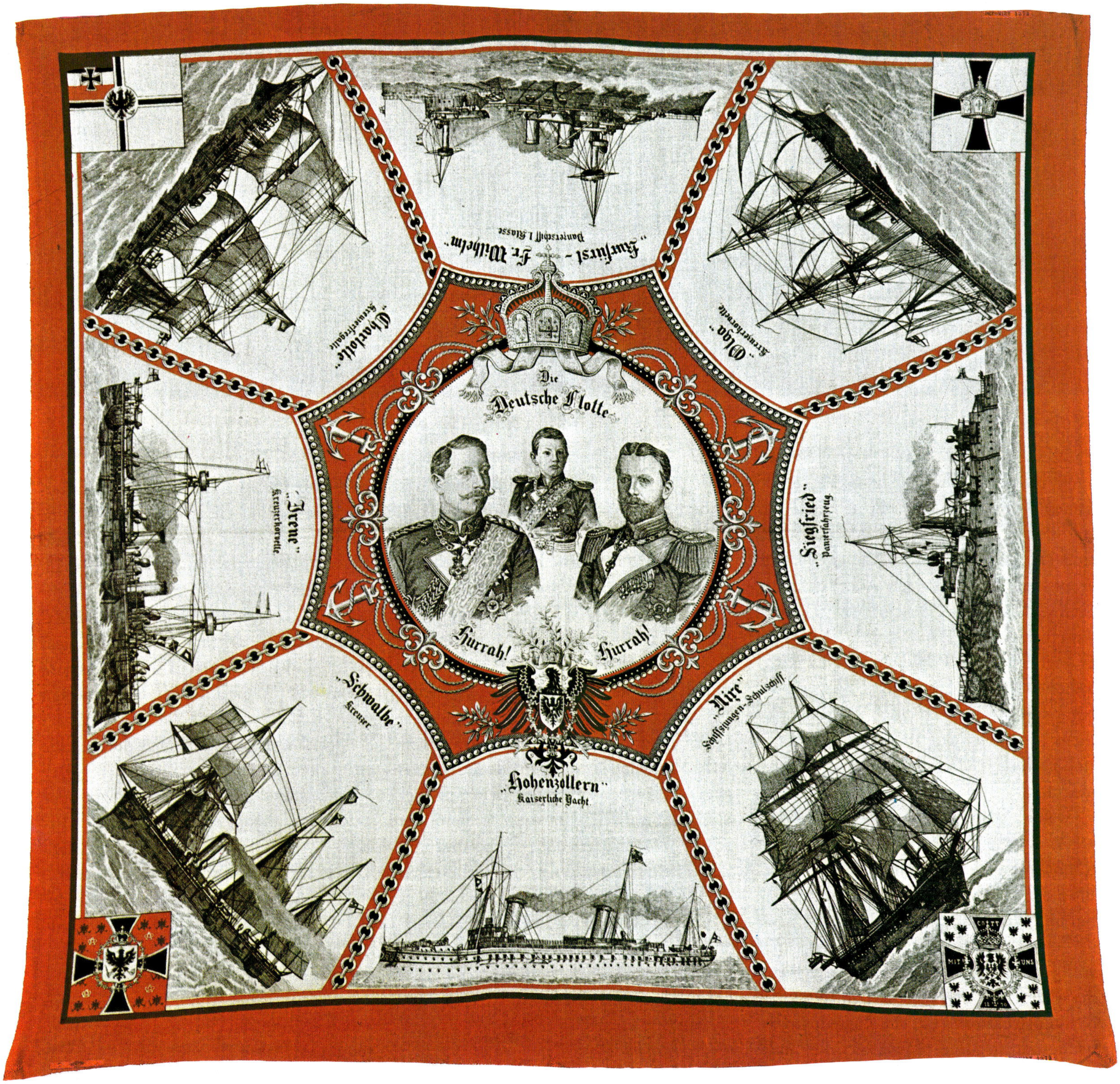

# Die Kaiserliche Marine unter Wilhelm II. 1888–1918

Mit Wilhelm II. kam ein an Schiffahrts- und Flottenfragen hochinteressierter Mann auf den Thron, der schon als Junge gesegelt war und eigene Skizzen von Kriegsschiffentwürfen gemacht hatte. Er war stark beeindruckt von den Theorien des amerikanischen Marinehistorikers A.T. Mahan; und von Bedeutung für die Marine wurde es dann, daß, anders als bei der Armee, deren Teile im Frieden den Landesfürsten unterstanden, dieser seefahrtsbegeisterte Kaiser ihr engagierter persönlicher Chef wurde. Caprivi, der 1890 Bismarck als Reichskanzler folgte, wurde schon im Juli 1888 durch den Vizeadmiral Graf Monts abgelöst. Zum ersten Mal war damit ein Seeoffizier Chef der Admiralität, der allerdings schon ein halbes Jahr später starb und durch den Vizeadmiral Freiherrn von der Goltz ersetzt werden mußte.

Nach einem Entwurf von 1890 wurde bei der AG. Vulcan in Stettin als Kaiserliche Yacht für Wilhelm II. der Aviso *Hohenzollern* gebaut. Er lief 1892 vom Stapel, verdrängte 4180 t, war 122 m lang und konnte mit zwei Dreifachexpansionsmaschinen 21,5 Knoten laufen. Der reisefreudige Kaiser hat auf ihm einen großen Teil seiner Auslandsfahrten ins Mittelmeer, nach England und ins Nordmeer unternommen. Bei Kriegsausbruch wurde die *Hohenzollern* außer Dienst gestellt und 1923 abgewrackt. Das Bild oben zeigt sie 1895 bei der Einweihung des Nordostseekanals. Der Kaiser, dessen Standarte im Großtopp weht, nimmt vom Peildeck aus die Begrüßung der im Kieler Hafen versammelten Flotte entgegen.

Prinzip der Torpedoboote war, daß sie mit größter Geschwindigkeit die damals bei 200 m Schußentfernung optimal wirkenden Torpedos entsprechend weit an den Gegner heranbrachten. Größe und Schnelligkeit dieser kleinen Boote erhöhten sich im Laufe der Zeit; *S 7* (1885) verdrängte 86 t, war 38 m lang und lief 20 Knoten, *S 87* (1897) hatte 142 t, 48 m Länge und lief 25,3 Knoten. Die Bewaffnung bestand meist aus zwei Torpedorohren an Deck und einem unter Wasser am Bug sowie zwei 3,7-cm-Revolverkanonen, statt dieser später aus einer 5-cm-Schnellfeuerkanone in Torpedolafette. Die Besatzung zählte einen Offizier und 15 Mann. Sechs Torpedoboote waren jeweils zu einer Torpedobootsdivision zusammengefaßt unter der Führung eines Torpedodivisionsbootes. Auch die Divisionsboote, die den Buchstaben «D» und eine laufende Nummer trugen, wurden bei Schichau gebaut; *D 1* (249 t, 56 m Länge) lief 1886, *D 9* (350 t, 63 m Länge) 1894 vom Stapel; das letzte, *D 10,* 1898 bei Thorneycroft. Sie machten 20 bis 24 Knoten, die Torpedobewaffnung glich der der kleinen Boote, die übrige bestand aus sechs 3,7-cm-Revolverkanonen, später aus drei 5-cm-Schnellfeuerkanonen.

Schichau-Torpedoboote waren damals die schnellsten Schiffe der Welt und errangen etliche Male den Weltrekord auf dem Wasser: 1888 mit 28,4 Knoten und 1897 mit 36,7 Knoten. So wurden Torpedoboote, in einer Zeit, als es noch keinen Funkverkehr gab, auch statt der früheren Avisos vorrangig als Depeschenboote und Signalwiederholer eingesetzt.

Das links abgebildete Aquarell von Willy Stöwer zeigt *Wörth* und *Weißenburg* bei hoher Fahrt mit ihren schweren Turmgeschützen feuernd während eines Flottenmanövers; im Vordergrund ein Torpedoboot der Reihe *S 67* bis *S 73* als Signalwiederholer.

Das Bild oben zeigt das Linienschiff *Kaiser Friedrich III.* nach einem Gemälde von H. Graf.

1891 liefen drei Einheiten einer mit je drei Türmen ausgerüsteten Klasse schwerer Panzerschiffe vom Stapel, welche als erste wieder die alte Bezeichnung «Linienschiffe» trugen: *Kurfürst Friedrich Wilhelm* bei der Kaiserlichen Werft in Wilhelmshaven, *Brandenburg* und *Weißenburg* bei der AG. Vulcan in Stettin. 1892 folgte als viertes *Wörth* bei der Germaniawerft in Kiel. Diese Linienschiffe der Brandenburg-Klasse verdrängten 10 013 t, waren 116 m lang, machten mit zwei Dreifachexpansionsmaschinen und Doppelschrauben mit 5 Metern Durchmesser

zwischen 16 und 17 Knoten. Die Bewaffnung bestand aus sechs 28-cm-Geschützen, sechs Schnelladekanonen von 10,5 cm und acht von 8,8 cm Kaliber, sowie sechs Torpedorohren. Die Besatzung zählte 38 Offiziere und 530 Mann. Die Schiffe waren als 1. Division des Ersten Linienschiffsgeschwaders während des Boxeraufstandes 1900 bis 1901 zur Verstärkung der internationalen Seestreitkräfte in China eingesetzt, *Kurfürst Friedrich Wilhelm* und *Weißenburg* wurden 1910 an die türkische Marine verkauft, das erstere ging als *Heireddin Barbarossa* 1915 in den Dardanellen durch den Torpedotreffer eines britischen U-Bootes verloren. *Brandenburg* und *Wörth* wurden 1915 zum Küstenschutz eingesetzt, 1919 außer Dienst gestellt und in Danzig abgewrackt.

Mit der sogenannten «neuen Kaiser-Klasse» (die 1911 nach dem Baubeginn einer wiederum neuen zur «alten» Kaiser-Klasse wurde und auch Kaiser-Friedrich-Klasse hieß), entstand dann nach amtlichen Entwürfen eine weitere Serie neuer Linienschiffe: *Kaiser Friedrich III.* und *Kaiser Wilhelm II.* (Stapellauf 1896 bzw. 1897 auf der Kaiserlichen Werft in Wilhelmshaven), *Kaiser Wilhelm der Große* (Germaniawerft Kiel 1899), *Kaiser Karl der Große* (Blohm & Voß, Hamburg 1899) und *Kaiser Barbarossa* (Schichau Danzig 1900). Sie waren 125 m lang, verdrängten 11 097 t, hatten drei Dreifachexpansionsmaschinen, liefen zwischen 17 und 18 Knoten, waren bewaffnet mit vier 24-cm-, achtzehn 15-cm- und zwölf 8,8-cm-Schnelladekanonen, zwölf 3,7-cm-Maschinenkanonen und sechs Torpedorohren. Nach Flottendienst wurden die Schiffe 1916 Hafenschiffe, 1919 außer Dienst gestellt und zum Abbruch verkauft.

Links: Linienschiff *Kaiser Friedrich III.* an der Pier.

Rechts: Die Brandenburg-Klasse in Kiellinie im Manöver mit querab nach Steuerbord gerichteten Geschützen. Im Vordergrund die *Brandenburg*.

Die nächste Seite zeigt oben die *Brandenburg* bei hoher Fahrt von Steuerbord, unten in gleicher Position das Schwesterschiff *Kurfürst Friedrich Wilhelm* nach Gemälden von H. Graf aus dem Jahre 1899.

Die Bilder der vorigen Seite zeigen, nach Gemälden von H. Graf, oben den 1897 vom Stapel gelaufenen Großen Kreuzer *Vineta* und unten die 1897 zum Großen Kreuzer umgebaute ehemalige Panzerfregatte *König Wilhelm.*

Seit Ende der achtziger Jahre hießen die nun ohne Segeltakelage konstruierten neuen Kreuzerfregatten Große Kreuzer, die Korvetten Kleine Kreuzer. 1892 lief bei der Germaniawerft in Kiel der Große Kreuzer *Kaiserin Augusta* mit 6056 t und 123 m Länge vom Stapel. Er war das erste Dreischraubenschiff der Marine; mit drei Dreifachexpansionsmaschinen erzielte es fast 21,6 Knoten. Die Besatzung zählte 13 Offiziere und 417 Mann; die Bewaffnung bestand aus vier 15-cm-Geschützen, acht 8,8-cm-Schnelladekanonen, vier Revolverkanonen und fünf Torpedorohren. Das Schiff war nach Auslandsdienst in Nordamerika, Marokko und im Mittelmeer seit 1914 Artillerieschulschiff und wurde 1920 abgewrackt. Es hatte drei Schornsteine, wie ebenfalls die folgenden Großen Kreuzer der Viktoria-Luise-Klasse *Viktoria Louise, Hertha, Freya, Vineta* und *Hansa,* die 1897 und 1899 bei verschiedenen Werften vom Stapel liefen. Sie verdrängten 5660 t (die letzteren beiden 5885 t), waren 110 m lang, liefen rund 19 Knoten, waren mit zwei 21-cm-, acht 15-cm-, zehn 8,8-cm-Schnelladekanonen, zehn Maschinenkanonen und drei Torpedorohren armiert und hatten 31 Offiziere und 446 Mann Besatzung (s. Seite 102). Der Große Kreuzer *Fürst Bismarck* mit 10 690 t Deplacement, 127 m Länge, vier 24-cm-, zwölf 15-cm-, zehn 8,8-cm-Schnellladekanonen und drei Torpedorohren lief 1897 bei der Kaiserlichen Werft in Kiel vom Stapel. Er hatte zwei Schornsteine und lief mit drei Dreifachexpansionsmaschinen 18,7 Knoten. Er gehörte von 1900 bis 1908 zum Ostasiengeschwader, wurde im Kriege Zielschiff und 1920 abgewrackt.

Auch die in den neunziger Jahren gebauten Kleinen Kreuzer hatten jetzt Dreifachexpansionsmaschinen, mit denen sie gut 20 Knoten laufen konnten. Es waren *Gefion* (Stapellauf 1893 bei Schichau) mit drei, *Hela* (AG. Weser 1895) mit einem und die Gazelle-Klasse (1898 bis 1902 bei verschiedenen Werften) mit zwei Schornsteinen. Zu dieser gehörten *Gazelle, Niobe, Nymphe, Thetis, Ariadne, Amazone, Medusa, Frauenlob, Arcona* und *Undine* (s. Seiten 103 und 104). *Gefion* hatte 3746 t Wasserverdrängung und 110 m Länge, *Hela* 2027 t und, wie die um 2700 t verdrängenden Schiffe der Gazelle-Klasse, 105 m Länge. Bis auf *Hela,* die mit vier 8,8-cm- und sechs 5-cm-Schnelladekanonen bestückt war, waren mit zehn 10,5-cm-Schnelladekanonen und drei Torpedorohren bewaffnet.

Die Panzerfregatten *König Wilhelm, Kaiser* und *Deutschland* wurden in den neunziger Jahren umgebaut, die alte Segeltakelage verschwand, und die Bewaffnung wurde entsprechend der der Neubauten modernisiert.

Das Bild links zeigt Backschafter an Bord einer der alten Panzerfregatten beim Essenholen in der Kombüse.

Die Abbildung oben ist eine Aufnahme der *Kaiser* nach ihrem 1891 bis 1895 erfolgten Umbau zum Großen Kreuzer.

Auch die älteren Panzerschiffe der Sachsen-Klasse mit ihren vier im Quadrat angeordneten Schornsteinen wurden ab Mitte der neunziger Jahre umgebaut. Sie erhielten neue Maschinen und Kessel und Schnellfeuerarmierung und besaßen jetzt nur noch einen Schornstein.

Das Bild links oben zeigt die *Sachsen* nach dem Umbau, das Bild darunter den der Victoria-Louise-Klasse angehörenden Großen Kreuzer *Hertha,* das Bild unten links das zur Iltis-Klasse gehörende Kanonenboot *Jaguar.*

*Iltis* und *Jaguar* liefen 1898 bei Schichau vom Stapel, die anderen Boote der Klasse, *Tiger, Luchs* und *Panther,* 1899 bis 1901 bei der Kaiserlichen Werft in Danzig und *Eber* 1903 beim Stettiner Vulcan. Sie verdrängten zwischen 894 und 977 t, waren rund 66 m lang und liefen 14 Knoten. *Iltis* und *Jaguar* hatten vier 8,8-cm-, die anderen Boote zwei 10,5-cm-Schnellladekanonen. Die Besatzung bestand aus 9 Offizieren und 121 Mann. Alle Boote waren im Auslandsdienst eingesetzt; bis auf *Panther* (s. Seite 109) und *Eber,* das 1914 nach Ausrüstung des Hilfskreuzers *Cap Trafalgar* vor Trinidad in Brasilien interniert und 1917 in Bahia durch die Besatzung versenkt wurde, nahmen sie an der Verteidigung von Tsingtau teil und wurden dort vor der im November 1914 gegenüber den Japanern erfolgten Kapitulation selbstversenkt. *Iltis* war 1900 während der Boxerunruhen maßgebend an der Einnahme der chinesischen Taku-Forts beteiligt und wurde dafür als einziges Schiff der deutschen Marine mit dem Orden Pour le mèrite dekoriert.

Tirpitz, der 1892 vom Kaiser zum Chef des Stabes des Oberkommandos der Marine ernannt worden war, war 1897 als Nachfolger Heusners Staatssekretär des Marineamtes geworden. Im Jahre darauf bereits zum Staatsminister ernannt, war er dann die treibende Kraft zur Durchsetzung der neuen Flottengesetze, deren erstes 1898 vom Reichstag angenommen wurde. Es legte den künftigen Schiffsbestand der Flotte fest und bestimmte, daß Linienschiffe nach 25, Große Kreuzer nach 20 und Kleine Kreuzer nach 15 Jahren ersetzt werden mußten. Bis Ende 1903 war der Bestand einschließlich Reserveeinheiten zu bringen auf: 19 Linienschiffe, 8 Küstenpanzerschiffe, 12 Große Kreuzer und 30 Kleine Kreuzer. Im einzelnen handelte es sich bei den Linienschiffen um die vorhandenen 4 Panzerschiffe der Sachsen-Klasse, die *Oldenburg,* 4 der Brandenburg-Klasse, 5 der zum Teil noch im Bau befindlichen neuen Kaiser-Klasse und 5 der geplanten Wittelsbach-Klasse; bei den Küstenpanzerschiffen um die 8 der Siegfried-Klasse, bei den Großen Kreuzern um *König Wilhelm, Kaiser, Deutschland, Kaiserin Augusta,* 5 der Victoria-Louise-Klasse, *Fürst Bismarck* sowie die geplanten *Prinz Heinrich* und *Prinz Adalbert.*

Bild unten: Antreten der Mannschaft eines Kreuzers zum Verstauen der gezurrten Hängematten.

Die Gesamtstärke der Marine betrug gegen Ende des Jahrhunderts (nach der Etatstärke für das Rechnungsjahr 1899) 28 764 Personen. Von diesen gehörten 11 887 zum seemännischen Personal, 6 569 zum Maschinen-, 2 690 zum Torpedopersonal, 2 198 zur Matrosenartillerie, 1 239 zur Marineinfanterie, 358 zum Sanitätspersonal und einige hundert zu verschiedenen Verwaltungen, außer insgesamt 1 733 Beamten, unter ihnen die einzige Dame: eine Lehrerin. Es gab 1 118 Offiziere, von denen 852 Seeoffiziere, 128 Maschineningenieure und 40 Marineinfanterieoffiziere waren; dem Artilleriewesen gehörten 57, dem Torpedowesen 26 und dem Minenwesen 15 Offiziere an. Außerdem gab es 142 Marineärzte; ferner 1119 Deckoffiziere und 5 193 Unteroffiziere, 18 159 Gemeine und 1300 Schiffsjungen.

Gezahlt wurde im einzelnen an Admirale und Vizeadmirale 12 000 Goldmark Jahresgehalt, Kapitäne zur See 7 800, Kapitänleutnante 3 900 und Leutnante 900 Mark. Die Löhnung betrug beispielsweise für Deckoffiziere 1 692, für Maate 540, für Obermatrosen 288 und für Schiffsjungen 144 Goldmark im Jahr. Der höchste Beamte der Marine, Tirpitz, erhielt jährlich 30 000 Goldmark und freie Dienstwohnung.

Der Burenkrieg und andere politische Ereignisse wie die Samoa-Zwistigkeiten und die spanisch-amerikanischen Spannungen schufen dann eine Lage, in der es Tirpitz möglich war, bereits 1900 im Zweiten Flottengesetz mit Bewilligung des Reichstages die Zahl der Sollstärke der Linienschiffe zu verdoppeln, sowie die der Großen Kreuzer auf 14, die der Kleinen auf 38 und die der Torpedoboote auf 96 festzulegen. Nach Gesetzesnovellen 1906, 1908 und 1912 war der vorgesehene Sollbestand für 1917 schließlich: 41 Linienschiffe, 20 Große (Schlacht-) Kreuzer und 40 Kleine Kreuzer; die Lebensdauer der großen Schiffe auf 20 Jahre reduziert.

Die Bilder links und oben zeigen zwei Linienschiffe der Kaiser-Friedrich-Klasse: links *Kaiser Barbarossa* und oben *Kaiser Wilhelm II.*

Die Aufnahme oben zeigt die Freiwache des Linienschiffes *Kaiser Wilhelm II.* auf dem Vordeck während der Reise, die Aufnahme links das Schwesterschiff *Kaiser Wilhelm der Große* im Kieler Hafen an der Boje liegend.

1895 hatte Admiral von Knorr den Freiherrn von der Goltz als Chef des Oberkommandos abgelöst. 1899 übernahm der Kaiser persönlich den Oberbefehl über die Marine, und statt des Oberkommandos wurde der bis zum Ende des Ersten Weltkrieges bestehende Admiralstab geschaffen, dessen erster Chef Konteradmiral Bendemann und kurz darauf Vizeadmiral von Diederichs wurde. Admiralstab, Marineamt und Marinekabinett unterstanden nun als selbständige Führungsgremien direkt dem Kaiser. 1900 wurden die schweren Kampfschiffe zu einer ständigen Flotte zusammengezogen, die unter dem ersten Flottenchef Großadmiral von Koester in gründlichen Exerziermanövern ihre Gefechtsausbildung erhielt. Nachfolger von Koesters als Flottenchef wurden die Admirale Prinz Heinrich ab 1906, von Holtzendorff ab 1909 und von Ingenohl von 1912 bis 1915.

Die Abbildung unten zeigt den Blick auf die Schanz eines Linienschiffes der Kaiser-Friedrich-Klasse; im Vordergrund der hintere Doppelturm mit seinen zwei 24-cm-Schnellfeuergeschützen.

Großer Kreuzer *Victoria Louise,* erbaut 1896/98 bei der AG. Weser in Bremen, war nach Auslandsdienst von 1908 bis 1912 Schulschiff, 1915 bis 1918 Minenlager und fuhr nach der Außerdienststellung von 1920 bis zum Abbruch 1923 als Frachtdampfer.

Großer Kreuzer *Freya,* erbaut 1896/98 bei der Kaiserlichen Werft in Danzig, nach dem Umbau 1913 mit zwei statt der ursprünglichen drei Schornsteine.

Großer Kreuzer *Hansa,* 1896/98 erbaut bei der AG. Vulcan in Stettin, nach dem Umbau 1909 mit zwei statt vorher drei Schornsteinen.

Kleiner Kreuzer *Gazelle*, 1897/1900 erbaut auf der Germaniawerft in Kiel, war nach Flotten- und Auslandsdienst 1914 zum Küstenschutz eingesetzt, dann Minenhulk und wurde 1920 abgewrackt.

Kleiner Kreuzer *Nymphe*, 1898/1900 auf der Germaniawerft in Kiel erbaut, tat in der Flotte und als Schulschiff Dienst, 1914 im Küstenschutz, war ab 1916 Wohnschiff in Kiel und wurde 1931 für 61 500 Reichsmark zum Abbruch verkauft.

Kleiner Kreuzer *Amazone,* 1899/1901 bei der Germaniawerft in Kiel erbaut, war bei der Flotte, dann 1914 zum Küstenschutz eingesetzt, ab 1917 Wohnschiff, 1923 wieder aktiv in der Flotte, seit 1931 Wohnhulk, zuletzt für Flüchtlinge in Bremen, und wurde erst 1954 in Hamburg abgewrackt.

Kleiner Kreuzer *Arcona,* 1901/03 bei der AG. Weser in Bremen erbaut, tat Flottendienst bis 1924, war seit 1930 Wohnschiff, ab 1942 schwimmende Flakbatterie, und wurde im Mai 1945 von der Besatzung in Wilhelmshaven versenkt und nach Hebung 1949 abgewrackt.

Kleiner Kreuzer *Undine*, 1901/04 bei den Kieler Howaldtswerken erbaut, war Artillerieschulschiff, sank, seit 1914 zum Küstenschutz eingesetzt, im November 1915 durch Torpedotreffer des britischen U-Bootes *E 19* östlich der dänischen Insel Möen.

Der Große Kreuzer *Prinz Heinrich* (Abbildungen linke und rechte Seite) lief 1900 bei der Kaiserlichen Werft in Kiel vom Stapel, verdrängte 8887 t bei 126,5 m Länge und lief 20,4 Knoten. Mit zwei 24-cm-, zehn 15-cm- und zehn 8,8-cm-Schnelladekanonen sowie vier Torpedorohren bestückt, wurde er nach dem Flottendienst 1916 Büroschiff in Kiel und 1920 abgewrackt.

Links: Großer Kreuzer *Prinz Adalbert*, lief 1901 auf der Kaiserlichen Werft in Kiel vom Stapel, entsprach in allen wichtigen Einzelheiten der *Prinz Heinrich* (bis auf den dritten Schornstein), war 1904/14 Artillerieschulschiff und sank 1915 durch Torpedotreffer des britischen U-Bootes *E 8* bei Libau. Das 1901/03 bei Blohm & Voß erbaute Schwesterschiff *Friedrich Carl* sank durch Minentreffer im November 1914 bei Memel.

Links: Linienschiff *Wettin* der Wittelsbach-Klasse, 1900 bei Schichau in Danzig vom Stapel gelaufen, war nach Flottendienst Artillerieschulschiff, seit 1916 Wohnschiff und wurde 1922 abgewrackt.

Links: Linienschiff *Zähringen* der Wittelsbach-Klasse, 1901 bei der Germaniawerft vom Stapel gelaufen, war nach Flottendienst 1916 Exerzierschiff in Kiel, dann Hulk und wurde nach Umbau 1927 als ferngelenktes Zielschiff wieder in Dienst gestellt. Im Dezember 1944 ging es vor Gdingen durch Fliegerbomben verloren.

Rechts: Schiffe der Wittelsbach-Klasse im Manöver.

Das Bild zeigt unten links ein Linienschiff der Wittelsbach-Klasse und rechts eins der Kaiser-Friedrich-Klasse.

Rechts: Eine Photographie des der Iltis-Klasse angehörenden Kanonenbootes *Panther,* das bis 1914 in Südamerika, Westafrika und Marokko, 1914/18 zum Küstenschutz in der Ostsee und 1921/26 als Vermessungsschiff eingesetzt war, ehe es 1931 abgewrackt wurde.

Mit den zwischen 1899 und 1904 erbauten Linienschiffen der Wittelsbach-Klasse wurde ein gleich starker Typ des Schlachtschiffs konzipiert wie der der Kaiser-Klasse.

Den Aufbau der Flotte bestimmte nun der von Tirpitz betonte Zweck: ihre höchste Kriegsleistung müsse in einem Verteidigungskriege auf der Nordsee in einer Seeschlacht liegen. Die Engländer reagierten entsprechend; und so begann das skeptakuläre Wettrüsten der britischen und deutschen Schlachtflotten, deren Höhepunkt dann die von Tirpitz gewissermaßen herbeigeplante, strategisch völlig wirkungslose Skagerrakschlacht war.

*Wittelsbach*, 1900 bei der Kaiserlichen Werft in Wilhelmshaven vom Stapel gelaufen, *Wettin* (s. Seite 106), *Zähringen* (s. Seite 106), *Schwaben,* 1901 ebenfalls bei der Kaiserlichen Werft in Wilhelmshaven vom Stapel gelaufen, und *Mecklenburg* (Stapellauf 1901 bei der AG. Vulcan in Stettin) waren die fünf Schiffe der Klasse. Sie hatten 11 774 t Wasserverdrängung, waren 127 m lang, liefen mit drei Dreifachexpansionsmaschinen 17 bis 18 Knoten und hatten gleiche Bewaffnung wie die Linienschiffe der Kaiser-Friedrich-Klasse. Die Besatzung bestand aus 33 Offizieren und 650 Mann. Alle Schiffe wurden nach Flottendienst 1916 Exerzier- bzw. Wohnschiff und, bis auf *Zähringen,* 1921/22 abgewrackt.

Als nächste Serie von Linienschiffen wurde in den Jahren 1901 bis 1906 die Braunschweig-Klasse gebaut, bestehend aus *Braunschweig* (s. Seite 112), *Elsaß* (s. Seite 112), *Hessen* (Stapellauf 1903 auf der Germaniawerft in Kiel), *Preußen* (Stapellauf 1903 bei der Germaniawerft in Kiel) und *Lothringen* (Stapellauf 1904 bei Schichau in Danzig). Sie alle waren bis 1916 im Flottendienst, gingen später in die Reichsmarine über und wurden in den dreißiger Jahren abgewrackt – bis auf die *Hessen*. Diese nahm 1916 an der Skagerrakschlacht teil, war im Zweiten Weltkrieg ferngelenktes Zielschiff und wurde 1946 an die Sowjetunion ausgeliefert. Die Schiffe der Braunschweig-Klasse hatten drei Schornsteine, waren 127,7 m lang, verdrängten 13 208 t, liefen mit drei Dreifachexpansionsmaschinen 18,7 Knoten und hatten Besatzungen von 35 Offizieren und 708 Mann. Die Bewaffnung bestand aus vier 28-cm-, vierzehn 17-cm-, achtzehn 8,8-cm-Schnellfeuerkanonen und sechs Torpedorohren; nach 1916 desarmiert, wurden die Schiffe dann in der Reichsmarine unterschiedlich bewaffnet.

Die *Braunschweig* und ihre Schwesterschiffe trugen als erste (im vorderen und hinteren Geschützturm) Schnelladekanonen von 28 cm Kaliber, die damals schwersten Schiffsgeschütze der Marine, mit denen seitdem die schweren Doppeltürme aller Linienschiffe und Schlachtkreuzer bestückt wurden, bis 1911 zuerst auf den Linienschiffen der Helgoland-Klasse 30,5-cm-Geschütze und schließlich 1916 auf dem Linienschiff *Bayern* 38-cm-Geschütze verwendet wurden.

Die ersten modernen Schnelladekanonen mit Rohrrücklauf, von zunächst 8,8 cm, waren 1890 auf den Schiffen der Siegfried-Klasse aufgestellt worden, 1892 folgte *Kaiserin Augusta* mit 10,5-cm-, 1898 *Victoria Louise* mit 15-cm- und 21-cm- und im selben Jahr *Kaiser Friedrich III.* mit 24-cm-Schnellfeuergeschützen. Hatte im Jahre 1869 die Reichweite der 24-cm-Ringkanonen der Panzerfregatte *König Wilhelm* 4,5 km betragen, so erreichten 1898 die der 24-cm-Schnelladegeschütze der Kaiser-Friedrich-Klasse 16,9 km; die Feuergeschwindigkeit der ersten 15-cm-Schnellfeuergeschütze betrug etwa sechs Schuß in der Minute, während die alten Ringkanonen pro Schuß zwei bis drei Minuten gebraucht hatten. Auch die Geschosse waren entsprechend entwickelt worden. Sie hatten zylindrische Form mit konischer Spitze, und es gab nun drei Arten: Granaten, aus einem mit Sprengstoff gefüllten Eisenmantel bestehend, die beim Aufschlag mittels eines an der Spitze befindlichen Zünders explodierten; Schrapnells, die außer der Sprengstofffüllung noch Kugeln enthielten; und massive Vollgeschosse aus Stahl zum Durchschlagen von Panzerwänden.

Das Bild links zeigt die Schiffe der Braunschweig-Klasse in Kiellinie beim Geschwadermanöver, das Bild oben einen Blick auf das Vorschiff der *Preußen* während der Marschfahrt in schwerer See; im Vordergrund die beiden 28-cm-Rohre des vorderen Geschützturmes.

Bisher hatte die schwere Artillerie der Linienschiffe aus den je zwei in einem solchen Turm vorn und hinten untergebrachten Geschützen größten Kalibers bestanden, während die Hauptkampfkraft in der mittleren, meist in Kasematten aufgestellten Artillerie von 15-cm- oder 17-cm-Kaliber lag.

Links: Linienschiff *Hessen*, 1903 bei der Germaniawerft in Kiel vom Stapel gelaufen.

Links: Linienschiff *Elsaß* der Braunschweig-Klasse, vom Stapel gelaufen 1903 bei Schichau in Danzig.

Links: Großer Kreuzer *Roon*, 1903 bei der Kaiserlichen Werft in Kiel vom Stapel gelaufen, war etwas größer, länger und schneller und hatte einen Schornstein mehr als sein Vorläufer *Prinz Adalbert*, war im übrigen aber fast gleich ausgerüstet. Nach Flottendienst diente er seit 1916 als Wohnschiff in Kiel und wurde 1921 abgewrackt.

Rechts: Großer Kreuzer *York*, Schwesterschiff von *Roon*, lief 1904 bei Blohm & Voß in Hamburg vom Stapel, tat Flottendienst und kenterte im November 1914 nach dem Auflaufen auf zwei deutsche Minen in der Jade, wobei 336 Mann den Tod fanden.

Rechts: Kleiner Kreuzer *Hamburg* der Bremen-Klasse, lief 1903 beim Stettiner Vulcan vom Stapel, war bis 1912 bei der Flotte, dann U-Flottillenflaggschiff, 1926/27 Schulkreuzer, ab 1936 Wohnhulk, sank 1944 durch Fliegerbomben in Hamburg, wurde gehoben und 1956 abgewrackt.

Rechts: Kleiner Kreuzer *Lübeck* der Bremen-Klasse, lief 1904 beim Stettiner Vulcan vom Stapel, machte Flottendienst, 1914 Küstenschutz, war seit 1917 Zielschiff, wurde 1920 an England ausgeliefert und 1922/23 abgewrackt.

Links: Kleiner Kreuzer *München* der Bremen-Klasse, 1904 bei der AG. Weser in Bremen vom Stapel gelaufen, war Torpedoversuchsboot, 1914/15 im Flottendienst, dann Wohnschiff und wurde 1920 an England ausgeliefert.

Links: Kleiner Kreuzer *Leipzig* der Bremen-Klasse, lief 1905 bei der AG. Weser vom Stapel, tat Auslandsdienst und stieß im Oktober 1914 bei den Osterinseln zu Graf Spees Kreuzergeschwader, mit dem er im Dezember 1914 bei den Falklandsinseln nach Artillerietreffern der britischen Kreuzer *Cornwall* und *Glasgow* mit 315 Mann unterging.

Links: Kleiner Kreuzer *Danzig* der Bremen-Klasse, 1905 bei der Kaiserlichen Werft in Danzig vom Stapel gelaufen, war bis 1917 bei der Flotte, wurde 1920 an England ausgeliefert und 1921/23 abgewrackt.

Oben: Die Kleinen Kreuzer *Bremen*, *Berlin* und der Große Kreuzer *Roon* (von links nach rechts) im norwegischen Hafen Bergen. Mit diesen beiden Kleinen Kreuzern und den fünf auf den vorhergehenden Seiten sind hier sämtliche sieben Schiffe der Bremen-Klasse abgebildet, wodurch einmal Vergleichsmöglichkeiten der sehr geringen äußerlichen Unterschiede innerhalb einer Klasse gegeben sind. *Bremen* lief 1903 bei der AG Weser vom Stapel, war bis 1914 im Auslandsdienst in Amerika, seit Kriegsbeginn bei der Flotte und sank durch Minentreffer im Dezember 1915 vor Windau in der Ostsee. *Berlin* lief 1903 bei der Kaiserlichen Werft in Danzig vom Stapel, machte Auslands- und Flottendienst, 1917 Küstenschutz, 1923/29 Auslandsreisen als Schulkreuzer, war seit 1936 Wohnschiff und wurde 1947 mit deutscher Gasmunition aus dem Zweiten Weltkrieg im Skagerrak versenkt. Die Schiffe der Bremen-Klasse waren größer als die der Gazelle-Klasse und hatten drei Schornsteine. Sie verdrängten 3278 t, waren 111 m lang und liefen 23 Knoten. Ihre Bewaffnung bestand aus zehn 10,5-cm-Schnelladekanonen und zwei Torpedorohren. Alle Schiffe hatten zwei Dreifachexpansionsmaschinen, die *Lübeck* jedoch war, als erstes Schiff der Marine, mit Dampfturbinen, und zwar mit zwei Systemen Parsons-Turbinen, ausgerüstet. Die Besatzungsstärke betrug 14 Offiziere und 274 Mann.

Das Bild oben wurde während einer der üblichen Sommerreisen aufgenommen, welche die Flotte gewöhnlich in die Ostsee oder nach Norwegen unternahm. Die im Auslandsdienst eingesetzten Kreuzer hatten, besonders nach dem Erwerb der deutschen Kolonien, vielfältige Aufgaben auf allen Meeren. 1888 schlugen *Adler, Olga* und *Eber* mit Landungskorps einen Aufstand in Samoa nieder, 1888 bis 1890 blockierte ein Kreuzergeschwader mit *Leipzig, Carola, Sophie, Möwe, Schwalbe* und *Pfeil* die Küste Deutsch-Ostafrikas und unternahm dort Landeunternehmen zur Unterbindung des Sklavenhandels durch arabische Händler. 1891 ging das Geschwader nach Chile, 1893 wurde es in Kapstadt aufgelöst. Weitere Einsätze einzelner Schiffe zum Schutz deutscher Interessen geschahen in den neunziger Jahren in Marokko, Kreta, Haiti und Kuba. Die Besitzergreifung der Bucht von Kiautschou mit dem Hafen Tsingtau erfolgte 1897 mit einem Landungskorps der Kreuzerdivision unter Vizeadmiral von Diederichs, eine zweite Division unter dem Prinzen Heinrich ging damals ebenfalls nach Ostasien, wohin dann 1900/01 während der chinesischen Boxerunruhen die vier Linienschiffe der Brandenburg-Klasse und vier Kleine Kreuzer zur Verstärkung des an Land kämpfenden internationalen Expeditionskorps entsendet wurden. 1902 wurde von deutschen Kreuzern und Kanonenbooten die venezuelanische Küste blockiert, 1904 waren Kreuzer mit Landungstruppen in Deutsch-Südwestafrika, 1905 in Ostafrika und 1911 auf der Karolineninsel Ponape in der Südsee eingesetzt.

1899 lief bei Schichau in Elbing das erste Hochseetorpedoboot vom Stapel. In der Entwicklung der Torpedoboote war in der deutschen Marine im Gegensatz zu England lange am Bau kleinerer Boote festgehalten worden, die in Divisionen gemäß der Tirpitzschen Angriffstaktik mit einer Zentrumsrotte auf den Gegner zulaufen und ihn mit zwei Flügelrotten seitlich in die Zange nehmen sollten. Erst 1899 lief bei Schichau in Elbing mit *S 90* das erste deutsche Hochseetorpedoboot vom Stapel, beeinflußt von der Entwicklung im englischen Zerstörerbau, doch hatten in der Folge die deutschen Großen Torpedoboote meist stärkere Torpedo- aber geringere Artilleriebewaffnung als die vergleichbaren britischen Zerstörer.

*Große Torpedoboote* hießen nun diese Fahrzeuge der mit *S 90* beginnenden Bauserien, die sämtlich zwei Schornsteine hatten; erst die ab 1914 gebauten 1374 t-Boote der B-97-Klasse nannte man inoffiziell Zerstörer. *S 90* verdrängte 310 t, war 63 m lang, lief 27 Knoten und war bewaffnet mit drei 5-cm-Schnelladekanonen in Torpedolafetten und drei Deckstorpedorohren von 45 cm Kaliber. In der Folge liefen zwischen 1899 und 1907 bei Schichau und auf der Kieler Germaniawerft insgesamt 48 weitere Boote relativ gleicher Bauart, aber allmählich bis zu 580 t und 71,5 m Länge wachsend, vom Stapel. Sie waren von 91 bis 137 numeriert und trugen davor als Buchstaben das Initial der Bauwerft. Sie alle hatten die gleiche Torpedobewaffnung, anfangs auch gleiche Artillerie, ab *G 132* vier 5,2-cm-Kanonen und ab *G 135*, das 1907 in Dienst gestellt wurde, ein 8,8-cm-Geschütz. *S 125* und *G 137* wurden als erste mit Turbinen ausgerüstet, die anderen hatten zwei Dreifachexpansionsmaschinen. Die Besatzung bestand aus 2 Offizieren und 59 Mann, bei *G 137* aus 3 Offizieren und 78 Mann. Bekannt geworden sind *S 90*, das 1914 nach der Vernichtung eines japanischen Kreuzers vor Tsingtau auf Strand gesetzt wurde, *S 97*, das unter dem Namen *Sleipner,* mit weißem statt des sonst üblichen schwarzen Anstrichs der Boote, als Depeschenboot des Kaisers der Yacht *Hohenzollern* detachiert war, und *S 115*, *S 117*, *S 118* und *S 119*, die im Oktober 1914 vor der englischen Küste im Artilleriefeuer des britischen Kreuzers *Undaunted* und vierer Zerstörer mit 218 Mann sanken, nachdem kurz vorher mit neun Toten *S 116* durch den Torpedotreffer eines britischen U-Bootes in der Nordsee verlorengegangen war.

1901 hatte die Marine in Friedrichsort ihre eigene Torpedowerkstatt eingerichtet, die deutschen Torpedos besaßen damals eine Höchstreichweite von etwa 3000 Metern, ihre Geschwindigkeit betrug 27 Knoten, das Kaliber 45 cm.

Das Bild unten zeigt das Große Torpedoboot *S 95* aus der ersten bei Schichau gebauten Serie von Hochseetorpedobooten.

Rechts: Linienschiff *Deutschland,* Flottenflaggschiff von 1906 bis 1912, mit hoher Fahrt laufend.

Nach amtlichen Entwürfen wurden in den Jahren 1903 bis 1908 die fünf Linienschiffe der Deutschland-Klasse gebaut. Sie hatten 13 191 t Wasserverdrängung, 128 m Länge und liefen, mit gleicher Maschinenausrüstung wie die Schiffe der Braunschweig-Klasse, rund 19 Knoten. Auch die schwere und mittlere Bewaffnung war gleich, ebenfalls die Besatzungsstärke.

Linienschiff *Deutschland* lief 1904 bei der Germaniawerft vom Stapel, war von 1906 bis 1912 Flottenflaggschiff, nahm 1916 an der Skagerrakschlacht teil, war seit 1917 Wohnschiff in Wilhelmshaven und wurde 1922 abgewrackt. *Hannover,* 1905 bei der Kaiserlichen Werft in Wilhelmshaven vom Stapel gelaufen, war ebenfalls an der Skagerrakschlacht beteiligt, nach Umbau 1920/21 bis 1935 im Flottendienst, dann als Fernlenk-Zielschiff für Flugzeuge vorgesehen und wurde 1944/46 in Bremerhaven abgewrackt. *Pommern,* 1905 bei der AG. Vulcan in Stettin vom Stapel gelaufen, sank am 1. Juni 1916 in der Skagerrakschlacht durch den Torpedotreffer eines britischen Zerstörers mit 839 Mann. *Schlesien* lief 1906 bei Schichau in Danzig vom Stapel, nahm ebenfalls an der Skagerrakschlacht teil, wurde 1917 Schulschiff, 1926/27 umgebaut, im Zweiten Weltkrieg in der Ostsee eingesetzt und im Mai 1945 nach Minen- und Bombentreffern vor Swinemünde von der Besatzung versenkt. Die *Schleswig-Holstein,* die 1906 auf der Germaniawerft vom Stapel lief und auch 1916 an der Skagerrakschlacht teilnahm, war seit 1917 Wohnschiff, in den zwanziger Jahren Flottenflaggschiff, 1939 an der Eroberung der Westerplatte vor Danzig, 1940 an der Besetzung Dänemarks beteiligt, dann Schulschiff und sank nach britischen Bombentreffern im Dezember 1944 in Gdingen.

Das Bild oben zeigt die *Pommern,* das Bild rechts die Schiffe der «Deutschland-Klasse», Salut nach Steuerbord schießend.

Der 1895 eröffnete Nordostseekanal erwies sich für die Marine bald als unentbehrlich – der wichtigste Stützpunkt der Flotte, Kiel, wurde durch ihn praktisch zum Nordseehafen. In den Jahren 1907/14 wurde eine Vertiefung und Verbreiterung vorgenommen und die Schleusen wurden

vergrößert, um auch den seit 1908 mit dem Bau der Nassau-Klasse immer länger und breiter werdenden Schlachtschiffen die Durchfahrt zu ermöglichen.

Das Bild oben links zeigt den Kleinen Kreuzer *Falke* der Bussard-Klasse bei der Kanaldurchfahrt unter der Hochbrücke von Levensau nach der Rückkehr von fünfeinhalb Jahren Auslandsaufenthalt im Jahre 1907, während der er unter anderem an den Kämpfen in Samoa und vor Venezuela beteiligt war.

Darunter der 1907 bei der AG. Weser vom Stapel gelaufene, 1975 t große und 100 m lange Minenkreuzer *Nautilus* bei Levensau (s. Seite 129).

Links: Linienschiff *Kaiser Karl der Große* unter der Brücke von Levensau.

Oben: Das Linienschiff *Hessen* der Braunschweig-Klasse unter der Hochbrücke von Grünenthal.

Rechts: Blick von der *Bellevue* in Kiel auf im Hafen liegende Schiffe der Flotte im Sommer 1906.

Links: Linienschiff der Deutschland-Klasse im Kieler Hafen.

Links: Kleiner Kreuzer *Stuttgart* (Stapellauf 1906 bei der Kaiserlichen Werft in Danzig) der Stettin-Klasse, die im wesentlichen der ab 1902 gebauten Bremen-Klasse glich – äußerlich jedoch an dem größeren Abstand zwischen zweitem und drittem Schornstein erkennbar war. Die etwas kleinere *Königsberg* lief 1905 bei der Kaiserlichen Werft in Kiel vom Stapel, war nach Flottendienst seit 1914 in Ostafrika und wurde dort, nach Blockierung im Rufiji-Delta, von britischen Kriegsschiffen schwer beschädigt und im Juli 1915 von der Besatzung versenkt. Zur Stettin-Klasse gehörten noch die links abgebildete *Nürnberg* (Stapellauf 1906 bei der Kaiserlichen Werft in Kiel), die an den Unternehmungen des Speeschen Kreuzer-

geschwaders teilnahm und im Dezember 1914 mit 327 Mann vor den Falklandinseln sank, sowie die im Flottendienst eingesetzte, 1920 nach England ausgelieferte und dort verschrottete *Stettin,* die 1907 bei der AG. Vulcan in Stettin vom Stapel gelaufen war.

Die nächste Serie von Kleinen Kreuzern waren die beiden unten abgebildeten Schiffe der Dresden-Klasse *Dresden* (Mitte) und *Emden* (rechts). Sie verdrängten 3664 t, waren 118 m lang, *Dresden* lief mit zwei Satz Parsons-Turbinen 25 Knoten. Die Bewaffnung entsprach der Stettin-Klasse, die Besatzung zählte 18 Offiziere und 343 Mann.

Der Kleine Kreuzer *Dresden* lief 1907 bei Blohm & Voß vom Stapel, nahm 1914 an den Gefechten von Coronel und Falkland teil, wo sie als einziges Schiff entkam, wurde jedoch im März 1915 in einer Bucht der chilenischen Insel Mas a tierra von britischen Schiffen beschossen und dann selbst versenkt. *Emden* (Stapellauf 1908 auf der Kaiserlichen Werft in Danzig) wurde dagegen 1914 in Ostasien vom Kreuzergeschwader Spees entlassen, führte allein erfolgreich Handelskrieg im Indischen Ozean und wurde im November 1914 nach einem Gefecht mit dem britischen Kleinen Kreuzer *Sydney* bei den Kokosinseln auf Strand gesetzt, wo die Wrackreste erst 1950 abgebrochen wurden.

Noch bis Anfang der neunziger Jahre war das Feuer der Buggeschütze auch auf großen Panzerschiffen erst auf eine Entfernung von 3000 m eröffnet worden – die Hauptschlagkraft der Artillerie bestand damals immer noch in einer konzentrierten «Breitseite» der mittleren Artillerie auf 500 bis 1000 m Entfernung. Erst mit der Brandenburg-Klasse, deren 28-cm-Turmgeschütze 15 km Reichweite hatten, und der Ernennung des Admirals Thomsen zum Inspekteur der Marineartillerie, der ein systematisches Schießverfahren einführte, begann eine Wandlung im Einsatz vor allem der schweren Artillerie, die auch auf den künftigen Kriegsschiffbau nicht ohne Auswirkung blieb. Beeinflußt durch die Vernichtung der russischen Flotte durch die Japaner, die 1905 in der Seeschlacht von Tsuschima das deutsche Schießverfahren praktiziert hatten, wurden in England die ersten großen modernen Schlachtschiffe mit besonders schwerer Artillerie konstruiert. Das erste von ihnen war die 1906 gebaute *Dreadnought.*

1908 lief auf der Kaiserlichen Werft in Wilhelmshaven der erste deutsche «Dreadnought», das erste Schlachtschiff der deutschen Marine, vom Stapel, die 18 873 t verdrängende und 146 m lange *Nassau.* Außer den bis zur Deutschland-Klasse üblichen einzigen beiden schweren Türmen vorn und achtern mit je zwei 24-cm- bzw. 28-cm-Kanonen hatte sie noch je zwei Doppeltürme an beiden Seiten. Diese waren sämtlich mit 28-cm-Schnellladekanonen bestückt, das heißt mit zwölf statt bisher vier schwersten Geschützen, die zudem größeres Kaliber besaßen. Die weitere Bewaffnung bestand aus zwölf 15-cm- und sechzehn 8,8-cm-Geschützen sowie aus sechs Torpedorohren. Mit drei Dreifachexpansionsmaschinen und drei Schrauben machte die *Nassau* 20 Knoten Fahrt; die Besatzung bestand aus 40 Offizieren und 968 Mann. 1910 waren die vier Schiffe der Nassau-Klasse als erste Schlachtschiffdivision der Marine in Dienst gestellt. Sie alle nahmen an der Skagerrakschlacht teil.

Das Bild rechts zeigt sie in Kiellinie auf dem Marsch, von links nach rechts: *Nassau, Westfalen, Rheinland, Posen;* hinter ihnen zwei Linienschiffe der Deutschland-Klasse.

Rechts: Die *Nassau* mit hoher Fahrt in der Ostsee. Sie wurde 1920 an Japan ausgeliefert und in Holland abgewrackt.

Rechts: Die 1908 bei der AG. Weser vom Stapel gelaufene *Westfalen*. Sie wurde 1920 an England ausgeliefert und 1924 abgewrackt.

Unten: Auslaufen von sechs Schiffen des Zweiten Linienschiffgeschwaders aus dem Kieler Hafen, hinter ihnen (linke Bildhälfte) *Nassau* und *Westfalen*.

Bild oben: *Rheinland* (im Vordergrund) und ein Schwesterschiff der Nassau-Klasse beim Manöver in schwerer See. *Rheinland* lief 1908 beim Stettiner Vulcan vom Stapel, lief im April 1918 im Nebel bei den Alandsinseln auf Grund, wurde wieder flottgemacht und 1921 nach Auslieferung in Holland abgewrackt. *Posen* (Bild links) lief 1908 bei der Germaniawerft vom Stapel und wurde ebenfalls nach der Auslieferung in Dordrecht abgewrackt.

Links: Der 1897 gebaute Große Kreuzer *Hertha* der Victoria-Louise-Klasse nach dem 1906/08 erfolgten Umbau mit zwei statt früher drei Schornsteinen.

Rechts: Minenkreuzer *Albatross*, Schwesterschiff der *Nautilus*, 1907 vom Stapel gelaufen bei der AG. Weser in Bremen.

Links: Kleiner Kreuzer *Kolberg*, 1908 bei Schichau in Danzig vom Stapel gelaufen, wurde 1920 an Frankreich ausgeliefert und tat bis 1927 Dienst als französischer Kreuzer *Colmar*.

Rechts: Großer Kreuzer *Blücher*, 1908 auf der Kaiserlichen Werft in Kiel vom Stapel gelaufen.

Auch die Großen Kreuzer (die im Gegensatz zu den Kleinen gepanzert waren) bekamen immer größere Ausmaße und stärkere Bewaffnung. Die 1906 bei Blohm & Voß und der AG. Weser vom Stapel gelaufenen Schwesterschiffe *Scharnhorst* und *Gneisenau* verdrängten bereits 11 616 t, waren 144,6 m lang, liefen 23,5 Knoten und waren mit acht 21-cm-, sechs 15-cm-, achtzehn 8,8-cm-Schnelladekanonen und vier Torpedorohren bewaffnet. Beide gehörten zum Kreuzergeschwader des Vizeadmirals Graf Spee und sanken im Dezember 1914 bei den Falklandinseln mit 1458 Mann. Der nächste, 1908 bei der Kaiserlichen Werft in Kiel vom Stapel gelaufene Große Kreuzer *Blücher* war dann 15 842 t groß, 161,8 m lang, lief fast 26 Knoten, war mit zwölf 21-cm-Kanonen in Doppeltürmen ähnlicher Anordnung wie die schweren Türme der Nassauklasse ausgerüstet und bedeutete schon einen Übergang zu den ein Jahr später mit *Von der Tann* beginnenden Bauten noch größerer, gepanzerter Kreuzer, die dann Schlachtkreuzer hießen. *Blücher* sank im Januar 1915 mit 792 Mann bei einem Gefecht in der Nordsee mit englischen Schlachtkreuzern.

Die 1907/09 eigens zum Minenwerfen gebauten Minenkreuzer *Nautilus* und *Albatross* mit einer Kapazität von 200 Minen und einer Bewaffnung von acht 8,8-cm-Geschützen verdrängten 1975 bzw. 2208 t und waren 100 m lang. *Nautilus* endete als Lagerschiff und wurde abgebrochen, *Albatross,* nach schweren Beschädigungen durch russische Kreuzer 1915 bei Gotland auf Strand gesetzt, wurde nach der Bergung in Schweden interniert und 1921 in Hamburg abgewrackt. Weitere Minenleger waren die 1915/16 bei der AG. Vulcan gebauten Schwesterschiffe *Brummer* und *Bremse,* mit 4385 t und Kapazität für 400 Minen, die 1918 in Scapa Flow interniert wurden.

Auch die Kleinen Kreuzer (die kaum gepanzert waren), wurden zunehmend größer; von der 1908 vom Stapel gelaufenen *Kolberg* mit 4362 t und 118 m Länge bis zu den letzten 1918 von der Kaiserlichen Marine in Dienst gestellten Kleinen Kreuzern der Cöln-Klasse, mit 5620 t und 155 m Länge. Im einzelnen waren es seit der 1908 begonnenen Kolberg-Klasse, der noch die 1909 vom Stapel gelaufenen *Mainz, Cöln* und *Augsburg* angehörten: die 1911 vom Stapel gelaufene Klasse von *Magdeburg, Breslau, Straßburg* und *Stralsund* (s. Seite 141); die 1912 vom Stapel gelaufene Klasse von *Karlsruhe* und *Rostock* (s. Seite 141); die 1913 und 1914 vom Stapel gelaufenen Schwesterschiffe *Graudenz* und *Regensburg;* die 1915 vom Stapel gelaufenen Schwesterschiffe *Wiesbaden* und *Frankfurt;* die 1915 und 1916 vom Stapel gelaufene Klasse von *Königsberg, Karlsruhe, Emden* und *Nürnberg,* sowie *Cöln* (s. Seite 156) und *Dresden,* die 1916 bzw. 1917 vom Stapel liefen und als einzige ihrer auf zehn Einheiten berechneten Klasse fertiggestellt wurden (s. Seite 156).

Das Bild unten zeigt die Schlachtschiffe der Helgoland-Klasse in Kiellinie, von links nach rechts: *Oldenburg, Ostfriesland, Helgoland* und *Thüringen.*

Die nächste Doppelseite zeigt das Linienschiff *Deutschland* (rechts) und den Kleinen Kreuzer *Hela* während der Sommerreise 1910 bei Balholmen im norwegischen Esefjord.

Von den seit 1909 vom Stapel gelaufenen Kleinen Kreuzern gingen *Mainz* und die erste *Cöln* 1914 im Gefecht in der Nordsee mit 596 Mann verloren; *Magdeburg* 1914 in der Ostsee mit 15 Toten; *Breslau* als türkische *Midilli* im Januar 1918 mit 330 Toten in der Ägäis; *Wiesbaden* sank, mit dem Dichter Gorch Fock und weiteren 588 Mann in der Skagerrakschlacht. Die anderen Kleinen Kreuzer wurden nach dem Waffenstillstand ausgeliefert oder, wie die meisten von ihnen, in Scapa Flow interniert.

Die von 1908 bis 1912 gebauten Schlachtschiffe der Helgoland-Klasse übertrafen mit 22 808 t Wasserverdrängung, 167 m Länge und zwölf 30,5-cm-Kanonen in Doppeltürmen bereits wesentlich die Dreadnoughts der Nassau-Klasse. Die ersten drei liefen 1909 vom Stapel: *Helgoland* bei den Kieler Howaldtswerken, *Ostfriesland* (s. Seite 153) bei der Kaiserlichen Werft in Wilhelmshaven, *Thüringen* bei der AG. Weser in Bremen und 1910 *Oldenburg* bei Schichau in Danzig. Alle waren an der Skagerrakschlacht beteiligt, nach dem Kriege wurden sie ausgeliefert, *Helgoland* an England, *Ostfriesland* an die USA, *Thüringen* an Frankreich, *Oldenburg* an Japan, und zwischen 1921 und 1924 abgewrackt.

Links: Ein «klassischer» Durchbruch von Hochseetorpedobooten während eines Flottenmanövers.

Neue Serien Großer Torpedoboote, mit Nummern von 138 bis 197 und den Anfangsbuchstaben der Bauwerften bezeichnet, liefen zwischen 1906 und 1911 bei Schichau in Elbing, dem Vulcan in Stettin und der Germaniawerft in Kiel vom Stapel. Auch sie hatten, wie die seit 1899 gebauten Boote der S 90-Serie, ausnahmslos zwei Schornsteine. Von der 1908 vom Stapel gelaufenen *V 161* ab waren sie mit Turbinen ausgerüstet. Die Wasserverdrängung der erstgebauten Schiffe betrug 533 t, die Länge 71 m, die der letzteren 660 t und 74 m, die Geschwindigkeit zwischen 30 und 34 Knoten. Anfangs eine, später zwei 8,8-cm-Schnelladekanonen und zuletzt, nach Umbewaffnung, bis zu zwei 10,5-cm-Schnelladekanonen stellten neben kleineren Maschinenwaffen die Artillerie. Die Torpedobewaffnung bestand aus drei Deckstorpedorohren von 45 cm Kaliber, ab *G 174* aus vier Rohren des neuen Kalibers von 50 cm.

Mit der 1911 beim Vulcan in Stettin vom Stapel gelaufenen *V 1* von 569 t begann eine neue Numerierung, die Werftinitialen der früheren Boote wurden einheitlich durch den Buchstaben «T» ersetzt, doch trugen die Fahrzeuge am Bug nur die letzten beiden Ziffern ihrer Bezeichnung, also zum Beispiel statt *T 183* (ex *V 183*) lediglich «83». Die nächsten Serien Großer Torpedoboote nach der V-1-Klasse von 1911 waren die V-25-Klasse (1914) mit 812 bis 960 t, die B-97-Klasse (1914), deren Boote zum ersten Male als «Zerstörer» bezeichnet wurden, 1843 t verdrängten und drei Schornsteine hatten, sowie die G-96-Klasse (1916) von 990 bis 924 t. *S 113* und *V 116*, die beiden einzigen noch fertiggestellten Zerstörer der S-113-Klasse, die 1918 vom Stapel liefen, waren dann mit 2060 t, 106 m Länge, 36 Knoten Fahrt und vier 15-cm-Geschützen die größten im Weltkrieg von den Seemächten gebauten Zerstörer.

Neben den Hochseebooten und Zerstörern wurden dann im Kriege, hauptsächlich zum Einsatz an der flandrischen Küste, kleinere Torpedoboote mit den Initialen «A» gebaut, die Größen von 109 t (*A 1* bis *A 25*, ab 1915), 227 t (ab *A 26*, 1916) und 330 t (*A 56* bis *A 113*, *1917* und 1918) hatten und nur einen Schornstein besaßen (s. Seite 160).

Die Hochseeboote waren im Ersten Weltkrieg an fast allen Unternehmungen in der Nordsee und in der Ostsee, vornehmlich im Baltikum, beteiligt. Sie machten Küsten- und Geleitschutz; etliche gingen verloren. Die meisten wurden nach dem Krieg abgewrackt, die neueren meist ausgeliefert, einige ältere übernahm die Reichsmarine. In der Skagerrakschlacht sanken *V 4*, *V 27*, *V 29*, *S 35* und *V 48*.

Das Bild unten zeigt Große Torpedoboote (im Vordergrund *V 183*) während eines Geschwadermanövers beim Durchbruch durch die Kiellinie der Nassau-Klasse.

Rechts: Torpedoboot *S 144* bei hoher Fahrt in See.

1909 lief bei Blohm & Voß in Hamburg der große Panzerkreuzer *Von der Tann* vom Stapel. Mit 19 370 t Wasserverdrängung, 171 m Länge, zwei Satz Parsons-Turbinen für 27,4 Knoten, acht 28-cm-Geschützen in vier Doppeltürmen, zehn 15-cm-, sechzehn 8,8-cm-Geschützen und vier Torpedorohren war er der erste deutsche Schlachtkreuzer und das erste deutsche Großkampfschiff mit Turbinenantrieb. Er nahm an der Skagerrakschlacht teil und wurde 1918 in Scapa Flow interniert. Ihm folgten 1910 und 1911 ebenfalls bei Blohm & Voß die ähnlichen, aber mit 22 979 t größeren Neubauten der Schwesterschiffe *Moltke* und *Goeben* (s. Seite 142) und 1912 die mit 24 988 t und 200 m Länge noch größere *Seydlitz* (s. Seite 142). *Moltke* nahm im Januar 1915 am Gefecht bei der Doggerbank und 1916 an der Skagerrakschlacht teil und wurde 1918 in Scapa Flow interniert. *Goeben* wurde im August 1914 von der türkischen Marine als *Jawuz Sultan Selim* übernommen und war noch bis lange nach dem Zweiten Weltkrieg in Dienst. *Seydlitz* war Flaggschiff der Hochsee-Aufklärungsstreitkräfte, erreichte nach der Skagerrakschlacht mit schwersten Treffern Wilhelmshaven und wurde ebenfalls in Scapa Flow interniert.

Bild oben: Hochseetorpedoboote *V 162, V 164, S 139, G 132* und *V 163* in Hafen.

Links: Schlachtkreuzer *Von der Tann.*

Rechts: Schlachtkreuzer *Goeben* mit den beiden achteren Doppeltürmen.

Nächste Doppelseite: Die Flotte im Sommer 1913 vor Helgoland; links *Ostfriesland,* in der Mitte das Flottenflaggschiff *Friedrich der Große,* rechts daneben vier Schiffe der Deutschland-Klasse und der Braunschweig-Klasse.

Links: Schlachtschiff *Kaiser*, 1911 bei der Kaiserlichen Werft in Kiel vom Stapel gelaufen, war das erste der «neuen» Kaiser-Klasse (s. Seite 143), zu der noch die anderen auf dieser Seite abgebildeten Schiffe sowie *Prinzregent Luitpold* gehörten.

Links: Schlachtschiff *Friedrich der Große* der Kaiser-Klasse, 1911 beim Vulcan in Hamburg vom Stapel gelaufen, war von 1912 bis 1916 Flottenflaggschiff.

Links: Schlachtschiff *Kaiserin* der Kaiser-Klasse, Stapellauf 1911 bei den Kieler Howaldtswerken.

Links: Schlachtschiff *König Albert* der Kaiser-Klasse, Stapellauf 1912 bei Schichau in Danzig.

Rechts: Kleiner Kreuzer *Straßburg* der Magdeburg-Klasse, erbaut 1910/12 auf der Kaiserlichen Werft in Wilhelmshaven, wurde 1920 an Italien ausgeliefert und ging, als italienischer Kreuzer *Taranto,* im Zweiten Weltkrieg durch Fliegerbomben verloren.

Rechts: Kleiner Kreuzer *Stralsund* der Magdeburg-Klasse, 1910/12 bei der Kaiserlichen Werft in Wilhelmshaven erbaut, wurde 1920 an Frankreich ausgeliefert und blieb als *Mulhouse* bis 1935 im Dienst der französischen Marine.

Rechts: Kleiner Kreuzer *Karlsruhe,* erbaut 1911/14 bei der Germaniawerft in Kiel, sank mit 263 Mann durch eine Explosion im November 1914 östlich von Trinidad nach erfolgreichem Handelskrieg im Mittelatlantik.

Rechts: Kleiner Kreuzer *Rostock,* erbaut 1911/14 bei den Kieler Howaldtswerken, sank in der Skagerrakschlacht mit 14 Mann.

Das erste deutsche U-Boot lief nach Entwürfen der Werft 1906 bei der Kieler Germaniawerft vom Stapel und wurde noch im Dezember des gleichen Jahres als *U 1* in Dienst gestellt. Es verdrängte 238 t, bei Unterwasserfahrt 283 t, war 42 m lang, fuhr über Wasser mit Petroleummotoren 11 Knoten und unter Wasser mit Elektromotoren 8,7 Knoten. Zu Versuchszwecken und Schulungszwecken eingesetzt, wurde es 1919 außer Dienst gestellt und steht heute als Ausstellungsstück im Deutschen Museum in München. Es folgten *U 3* und *U 4* 1909 bei der Kaiserlichen Werft in Danzig, mit 421 t, dann bis zum Kriegsausbruch wechselnd auf beiden Werften die Boote *U 8* bis *U 35*. Ab *U 19* waren sie mit Dieselmotoren ausgerüstet und verdrängten über Wasser durchschnittlich 650 bis 680 t. Die Bestückung bestand jeweils aus vier Torpedorohren, Artillerie, meist eine 8,8-cm-Kanone, wurde erst nach Kriegsbeginn aufgestellt.

Die ersten vier fertiggestellten Boote wurden 1910 zur 1. U-Boot-Flottille zusammengefaßt, gleichzeitig entstand in Kiel eine U-Boots-Kompanie und eine U-Boots-Schule. Erst im Laufe des Krieges wurde die U-Boots-Waffe dann zur Hauptangriffswaffe der Marine ausgebaut, wobei sich das ständig verbesserte «mittlere U-Boot» von ca. 750 bis 800 t und 65 m Länge am besten bewährte. Ferner gab es die im Kriege neu konstruierten kleinen UB-Typen der Küsten-U-Boote von rund 300 bzw. 500 t und 35 bzw. 55 m Länge, sowie U-Boot-Minenleger und einige größere U-Kreuzer von knapp 2000 t, die jedoch kaum noch zum Einsatz kamen. Insgesamt wurden während des Ersten Weltkrieges 343 U-Boote in Dienst gestellt. Von ihnen gingen 178 verloren, 7 wurden in neutralen Häfen interniert und 14 bei Kriegsende gesprengt. 5132 Besatzungsangehörige fanden den Tod; das war mehr als 50 % der eingesetzten Gesamtmannschaftsstärke. Deutsche U-Boote versenkten im Laufe des Krieges 5861 Schiffe; die Gesamtzahl der Seeleute, die auf diesen den Tod fanden, ist nicht bekannt.

Das Bild unten zeigt die ersten damals fertiggestellten deutschen U-Boote während der Kaiserparade 1910 vor Danzig: *U 1* bis *U 6*, *U 9* und *U 10*.

Das oben wiedergegebene Gemälde von Willy Stöwer zeigt die Flottenparade vor dem Kaiser im Jahre 1912. In der Mitte die Yacht *Hohenzollern,* von derem Peildeck über der Brücke Wilhelm II. im Vorbeifahren die Parade der Schiffe abnimmt. Im Vordergrund *U 1*. Auf den über die Toppen beflaggten, vor Anker liegenden Schiffen haben die Besatzungen «Front» zu ihrem Oberbefehlshaber gemacht.

CLAUS BERG
MÜNCHEN

Das oben abgebildete Gemälde von Alex Kircher zeigt das Schlachtschiff *Friedrich der Große* der Kaiser-Klasse, im Vordergrund ein Hochseetorpedoboot, im Hintergrund ein Kleiner Kreuzer.

Als am 28. Juni 1914 mit dem Attentat von Serajevo die Kriegsgefahr heraufzog, fand gerade in Kiel, wie immer in Anwesenheit des Kaisers, die alljährliche Kieler Woche statt. Britische Kriegsschiffe waren zu Gast, wie die deutschen Schiffe setzten sie aus Anlaß der Trauer über den ermordeten österreichischen Thronfolger die Flaggen halbstocks und verabschiedeten sich zwei Tage später bei den Gastgebern mit dem Funkspruch: «Friends today, friends in future, friends for ever.» Einen Monat später war die Freundschaft vorbei, der Krieg ausgebrochen.

Die deutsche Flotte besaß zu diesem Zeitpunkt 14 modernste Schlachtschiffe, 16 ältere Linienschiffe, 4 Schlachtkreuzer, 13 Große, 34 Kleine Kreuzer, 90 Torpedoboote und 21 U-Boote. Alle modernen Großkampfschiffe bis auf *Goeben* befanden sich in der Heimat. Mit den Engländern kam es Ende August zu einem Seegefecht bei Helgoland, im Januar 1915 zum Gefecht bei der Doggerbank – in der Ostsee war die Marine vornehmlich bei der Eroberung der baltischen Küste und Inseln beteiligt.

Neben dem U-Boot-Krieg, der ab Februar 1917 auch «uneingeschränkt» gegen Handelsschiffe erfolgte, neben Vorpostendienst-, Küstensicherungs- und Minenunternehmungen und dem Kreuzerkrieg in Übersee war das weitaus überragende Ereignis des Seekrieges die Schlacht vor dem Skagerrak am 31. Mai und 1. Juni 1916. Gewissermaßen hatte man nur auf diese Schlacht hin gerüstet und exerziert – fast alle «dicken Schiffe» der Marine waren beteiligt. Mehr als hunderttausend Menschen auf 247 Schiffen standen einander gegenüber, von diesen verlor die britische Flotte vierzehn mit 115 025 t und 6094 Mann, die deutsche elf mit 61 180 t und 2551 Toten. Die Deutschen haben diese Schlacht hervorragend bestanden, genützt hat sie ihnen nichts.

Das Bild unten: Man sieht von der *Ostfriesland* aus auf das dritte Geschwader während eines Vorstoßes in die Nordsee.

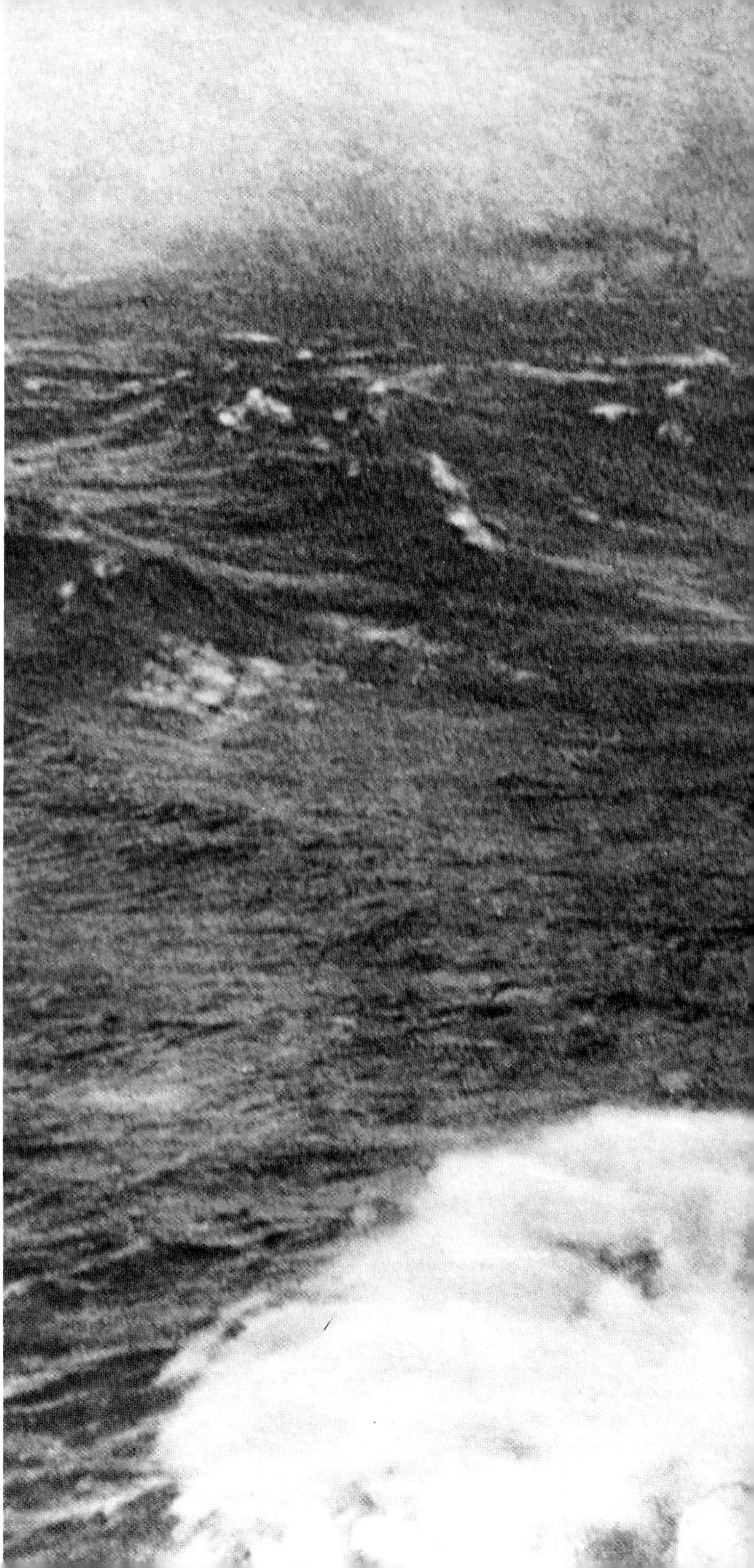

Das ostasiatische Kreuzergeschwader unter dem Grafen Spee mit *Scharnhorst, Gneisenau, Nürnberg* und *Emden* (die zu eigenem Kreuzerkrieg entlassen wurde) lief nach Kriegsausbruch nach Südamerika, vereinigte sich bei den Osterinseln mit *Dresden* und *Leipzig,* vernichtete am 1. November bei Coronel vor der chilenischen Küste zwei englische Panzerkreuzer und versuchte nach der Umrundung des Kap Horn in die Heimat zu gelangen. Bei den Falklandinseln wurde es am 8. Dezember 1914 durch überlegene britische Streitkräfte vernichtet, nur *Dresden* entkam, wurde aber im März 1915 in der Cumberland-Bucht der neutralen Insel Mas a tierra von englischen Kreuzern beschossen und von der Besatzung versenkt.

Das Bild rechts zeigt das Kreuzergeschwader unter Vizeadmiral Graf Spee am 2. Dezember 1914 bei der Fahrt in schwerem Sturm um das Kap Horn.

Links: *M 81*, das erst 1919 bei der Seebeckwerft in Geestemünde fertiggestellt wurde und noch im Zweiten Weltkrieg als *M 581* und nach der Kapitulation von 1945 in der den Engländern unterstellten German Mine Sweeping Administration Dienst tat.

Unten: Eins der hauptsächlich an der Flandernküste eingesetzten Torpedoboote der Serie *A 68* bis *A 79*.

Rechts: Zwei der Deutschland nach dem Vertrag von Versailles verbliebenen Vorkriegsschiffe der neu gebildeten Reichsmarine im Jahre 1922, links ein Kleiner Kreuzer, rechts ein Hochseetorpedoboot.

Im Kriege waren noch eine Fülle von Hilfsfahrzeugen eingesetzt, die, nicht als Kriegsschiffe konstruiert, vorher verschiedensten zivilen Zwecken gedient hatten und von der Marine requiriert wurden. Die wichtigsten von ihnen waren eine Reihe von Passagier- und Frachtdampfern, die als Hilfskreuzer Verwendung fanden, und die großenteils als Vorpostenboote verwendeten Fischdampfer. Zum Minensuchen waren ab 1915 bei verschiedenen kleineren Werften eigene Minensuchboote gebaut worden, die durchschnittlich um 500 t verdrängten, knapp 60 m lang waren, 16 Knoten liefen und besonders in den ersten Nachkriegsjahren beim Räumen der umfangreichen Minenfelder genug zu tun hatten. Sie trugen Bezeichnungen von *M 1* bis *M 176*, doch wurden etliche von ihnen (ab *M 139*) nicht mehr fertiggestellt – 29 gingen im Kriege verloren, ein Teil wurde um 1920 zum Abbruch verkauft, ein anderer ging in den Besitz der Reichsmarine über.

# Die Reichsmarine 1919–1935

Am 9. November brach in Berlin die Revolution aus, der Kaiser dankte ab und ging am folgenden Tag in die Emigration nach Holland. Mit dem Waffenstillstand am 11. November war der Erste Weltkrieg beendet. Der Marine hatte er gekostet: 1 Linienschiff (Pommern), 1 Schlachtkreuzer (Lützow), 6 Große und 18 Kleine Kreuzer, 10 Kanonenboote, 107 Torpedoboote und Zerstörer, 198 U-Boote, 29 Minensucher, 5 Spezialschiffe, 17 Hilfskreuzer und 170 Hilfsschiffe, 30 Luftschiffe und 170 Flugzeuge. Der Waffenstillstand machte die Ablieferung aller U-Boote sowie die Abrüstung und Kontrolle der Hochseeflotte zur Bedingung, die mit dem Gros der neueren Schiffe in der Bucht von Scapa Flow auf den Orkney-Inseln interniert und dort am 21. Juni 1919 (nach dem Ablauf des Waffenstillstandes und eine Woche vor der Unterzeichnung des Friedensvertrages von Versailles) von ihrem Befehlshaber Konteradmiral Reuter versenkt wurde. Nach dem Friedensvertrag waren dem Deutschen Reich an größeren Schiffen noch gestattet: 6 Linienschiffe, 6 Kreuzer und 24 Torpedoboote.

Anfang 1919 wurden die meisten der bisherigen Kommandobehörden der Marine aufgelöst, am 26. März 1919 wurde Konteradmiral von Trotha, der Scheers Stabschef gewesen war, Chef der neugeschaffenen obersten Marinebehörde, der Admiralität. Im April beschloß die Nationalversammlung in Weimar die Bildung der «Vorläufigen Reichsmarine» mit einer Marinestation der Nordsee in Wilhelmshaven und einer der Ostsee in Kiel. Trotha wurde nach einem Jahr abgelöst von Vizeadmiral Michaelis, diesem folgte im Herbst 1920 als Chef der jetzt in Marineleitung umbenannten obersten Marinebehörde Admiral Behncke. Chefs der Marineleitung waren dann von 1924 bis 1928 Admiral Zenker und danach Admiral Raeder. Im März 1921 verabschiedete der Reichstag das Wehrgesetz der Republik, das auch die Schaffung der Reichsmarine festlegte.

Am 1. Januar 1922 wurde schließlich auch die bisherige Reichskriegsflagge durch eine neue ersetzt – im Gegensatz zur schwarz-rot-goldenen, an die demokratische Tradition von 1848 anknüpfende Nationalflagge der Republik behielt sie jedoch die Farben Schwarz-Weiß-Rot bei, in gleichbreiten waagerechten Streifen mit eisernem Kreuz in der Mitte, der früheren Gösch der Kaiserlichen Marine entsprechend, aber mit liekseitiger schwarz-rot-goldener Ecke. Diese wurde am 14. März 1933, nach der nationalsozialistischen Machtübernahme, durch eine Verordnung des Reichspräsidenten von Hindenburg entfernt.

Die erste große Aufgabe der Reichsmarine wurde das Räumen der im Kriege gelegten Minen unter Beteiligung von über 300 Minensuchfahrzeugen, die im Oktober 1922 beendet war.

Der Kreuzer *Berlin,* die 1915 als Kanonenboot vom Stapel gelaufene, jetzt zum Vermessungsschiff umgebaute *Meteor* und drei der verbliebenen Linienschiffe machten 1924 wieder die ersten größeren Auslandsreisen. Diese dienten vornehmlich zur Ausbildung, die im übrigen, unter anderem auch in der Taktik der Torpedoboote, zunächst weitgehend auf den Erfahrungen des Krieges fußte.

1925 lief dann als erster Neubau der Reichsmarine bei der ehemaligen Kaiserlichen, jetzt Reichsmarinewerft in Wilhelmshaven der Leichte Kreuzer *Emden* (s. Seite 164) vom Stapel. Er verdrängte 6056 t, war 155 m lang, lief mit zwei Satz Turbinen und Ölfeuerung 29,4 Knoten und war bewaffnet mit acht 15-cm-Geschützen und vier Torpedorohren. Die Besatzung zählte 19 Offiziere und 464 Mann. In den dreißiger Jahren umgebaut, nahm die *Emden* 1940 an der Norwegenunternehmung teil und transportierte Anfang 1945 Flüchtlinge von Pillau nach Kiel. Dort wurde sie am 3. Mai nach schweren Bombentreffern auf Strand gesetzt und gesprengt.

Links: Die aus einem dänischen Frachtensegler von 1913 umgebaute *Niobe* wurde 1923 als Segelschulschiff in Dienst gestellt und kenterte im Juli in einer Gewitterbö vor Fehmarn mit 69 Mann.

Rechts: Linienschiff *Schlesien* nach dem 1927 erfolgten Umbau.

Die nächsten Neubauten Leichter Kreuzer waren die der Königsberg-Klasse: *Königsberg* (s. Seite 169), *Karlsruhe* und *Köln* (s. Seite 165), die 1927 und 1928 vom Stapel liefen. Sie hatten 7210 t Wasserverdrängung, waren 174 m lang, hatten Ölfeuerung für zwei Turbinen und außerdem zwei Dieselmaschinen und machten um 32 Knoten Fahrt. *Karlsruhe* wurde bei den Deutschen Werken in Kiel gebaut, war bis 1935 Schulschiff, dann bei der Flotte und wurde während des Norwegenunternehmens im April 1940 nach drei britischen Torpedotreffern vor Kristiansand von der Besatzung versenkt. Von gleicher Größe war die letzte Serie deutscher Leichter Kreuzer, die der Schwesterschiffe *Leipzig* (s. Seite 164) und *Nürnberg* (s. Seite 172). Sie waren auch ebenso schnell wie die Königsberg-Klasse, hatten die gleiche Bewaffnung von zwei Drillingstürmen achtern und einem vorn mit je drei 15-cm-Geschützen, jedoch statt der zwei Schornsteine nur einen.

Unten: Durchbruch der Torpedoboote *Albatros* und *Kondor*, erbaut 1925/28 auf der Marinewerft Wilhelmshaven, während eines Manövers der Reichsmarine, aufgenommen von der Schanz des Linienschiffes *Schleswig-Holstein.*

Links: Leichter Kreuzer *Emden* nach dem Umbau im Jahre 1938.

Links: Leichter Kreuzer *Königsberg*, erbaut 1925/26 bei der Marinewerft Wilhelmshaven, war zunächst im Flottendienst, seit 1936 Artillerieschulschiff, und sank 1940 bei der Eroberung Norwegens durch Bombentreffer bei Bergen.

Links: Leichter Kreuzer *Leipzig*, lief 1929 bei der Marinewerft Wilhelmshaven vom Stapel, war 1936/38 zeitweise in Spanien eingesetzt, 1941 bei der Eroberung der baltischen Inseln, 1945 vor Danzig und wurde 1946 mit Gasmunition in der Nordsee versenkt.

Rechts: Leichter Kreuzer *Köln*, 1928 auf der Marinewerft Wilhelmshaven vom Stapel gelaufen, war bis 1939 im Flottendienst, 1940 am Norwegenunternehmen beteiligt und sank nach Bombentreffern 1945 in Wilhelmshaven.

Das Bild links zeigt den Stapellauf der *Deutschland* bei den Deutschen Werken in Kiel im Mai 1931. Gezwungen durch die Beschränkungen des Friedensvertrages war mit diesem sogenannten Panzerschiff ein Typ entwickelt worden, der schneller war als die größeren und schwerer bewaffneten Großkampfschiffe der anderen Seemächte, aber schwerer bewaffnet als deren gleich große Kreuzer. Diesem ersten «Westentaschenschlachtschiff» folgten noch zwei vom gleichen Typ: *Admiral Graf Spee* und *Admiral Scheer,* die 1933 und 1934 bei der Reichsmarinewerft in Wilhelmshaven vom Stapel liefen. Die Panzerschiffe verdrängten rund 12 000 ts, waren 186 m bzw. 188 m lang, hatten Dieselantrieb und liefen etwas mehr als 28 Knoten. In Drillingstürmen vorn und achtern besaßen sie insgesamt sechs 28-cm-Geschütze, ferner acht 15-cm- und drei 8,8-cm-Flakkanonen sowie acht Torpedorohre in Vierersätzen. *Deutschland* war bis 1939 viel im Ausland, erhielt im Spanienkrieg 1937 vor Ibiza einen Bombentreffer, führte 1939 Handelskrieg im Atlantik, wurde 1940 in Schwerer Kreuzer *Lützow* umbenannt, nahm am Norwegenunternehmen teil und sank im April 1945 nach Bombentreffern vor Swinemünde.

Das Bild links zeigt den vorderen 28-cm-Drillingsturm der *Deutschland.*

Unten links: Panzerschiff *Admiral Graf Spee,* machte etliche Auslandsreisen und wurde nach Artillerietreffern durch britische Kreuzer in der La-Plata-Mündung von der Besatzung versenkt.

Rechts: Panzerschiff *Admiral Scheer,* war wie die Schwesterschiffe im Spanischen Bürgerkrieg eingesetzt, wurde 1940 als Schwerer Kreuzer klassifiziert, führte anschließend Handelskrieg im Atlantischen und Indischen Ozean, war seit 1942 in Norwegen stationiert und transportierte im März 1945 Flüchtlinge von Ostpreußen nach Kiel, wo es im April nach schweren Bombenschäden kenterte.

Die nächste Doppelseite zeigt von links nach rechts *Admiral Scheer, Admiral Graf Spee, Deutschland, Köln, Königsberg* und *Karlsruhe* anläßlich des zwanzigsten Jahrestages der Skagerrakschlacht am 31. Mai 1936 salutschießend im Kieler Hafen.

# Die Kriegsmarine 1935–1945

1933 übernahmen die Nationalsozialisten die Regierungsgewalt in Deutschland. Im Rahmen der von ihnen betriebenen Aufrüstung wurden auch für die Marine, besonders nach dem 1935 mit England ausgehandelten Flottenabkommen, das die Bedingungen von Versailles ignorierte, neue Rüstungsprogramme konzipiert. Die Reichsmarine wurde im Mai 1935 umbenannt in Kriegsmarine, die bisherige Marineleitung in Oberkommando der Kriegsmarine und deren Chef Raeder, ab 1936 mit dem Dienstgrad Generaladmiral, in Oberbefehlshaber der Kriegsmarine. Die im gleichen Jahr eingeführte neue Kriegsflagge zeigte auf rotem Grund ein schwarzes Balkenkreuz mit Hakenkreuz auf weißem Feld in der Mitte und dem Eisernen Kreuz in der oberen liekseitigen Ecke.

*Bremse,* mit 1435 t und 104 m Länge und *Brummer* (s. Seite 172), mit 2410 t und 113 m Länge, waren zwei Artillerieschulschiffe und Minenleger, die 1931 auf der Marinewerft in Wilhelmshaven, bzw. 1935 bei der Deschimag in Bremen vom Stapel liefen. Beide nahmen an der Eroberung Norwegens teil, dabei sank *Brummer* am 14. April 1940 im Kattegatt, *Bremse* im September 1941 im Gefecht mit britischen Kreuzern vor der norwegischen Küste.

Als Ersatz für die gesunkene *Niobe* war 1933 bei Blohm & Voß in Hamburg das Segelschulschiff *Gorch Fock* vom Stapel gelaufen. Es verdrängte 1354 t, war 74 m lang, als Bark mit 1800 qm Segelfläche getakelt und mit einem Dieselmotor ausgerüstet. Die *Gorch Fock* wurde das Vorbild der mit 1634 t und 89 m Länge etwas größeren Barken *Horst Wessel* und *Albert Leo Schlageter,* die 1936 und 1937 ebenfalls bei Blohm & Voß vom Stapel liefen. Sie haben als Schulschiffe bis Kriegsende Dienst getan und existieren heute noch: *Gorch Fock* als Schulschiff *Towarischtsch* der Sowjetflotte, *Horst Wessel* als Schulschiff *Eagle* der amerikanischen Coast Guard und *Albert Leo Schlageter* als portugiesisches Schulschiff *Sagres.*

Das Bild unten zeigt *Gorch Fock* (links) und *Horst Wessel* (rechts) mit aufgegeiten Segeln, das Bild rechts die in den Wanten stehenden Mannschaften der *Gorch Fock* beim Paradieren während des Auslaufens.

Links: Leichter Kreuzer *Nürnberg*, lief 1934 bei den Deutschen Werken in Kiel vom Stapel, war 1936/37 im Spanischen Bürgerkrieg und im März 1939 bei der Besitznahme Memels eingesetzt, wurde nach dem Kriege an die Sowjetunion ausgeliefert und tat dort bis 1959 als Schulkreuzer *Admiral Makarow* Dienst.

Links: Das Artillerieschulschiff und Minenschiff *Brummer*.

Links: Schwerer Kreuzer *Blücher*, 1937 bei den Deutschen Werken in Kiel vom Stapel gelaufen, sank am 9. April 1940 nach schweren Treffern der norwegischen Küstenbatterie Kaaholm in der Dröback-Enge im Oslofjord.

Rechts: Eins der 1936/40 bei der Deschimag in Bremen vom Stapel gelaufenen U-Boote vom Typ IX, die rund 1000 t über Wasser verdrängten.

Im Juni 1935 lief mit *U 1* bei den Deutschen Werken in Kiel das erste U-Boot der Kriegsmarine vom Stapel. Es gehörte zum Typ II A, mit 254 t Deplacement über Wasser und 41 m Länge. Über vierzig Boote dieses Typs und der ähnlichen II B, II C und II D folgten bis 1940, ihr Entwurf basierte noch auf den UB II- und UF-Typen des Ersten Weltkrieges. Noch 1935 wurden 14 dieser «kleinen» U-Boote in Dienst gestellt, die ersten sechs als Schulboote. Weitere acht bildeten die U-Flottille Weddigen, deren Chef der später zum Führer der U-Boote ernannte Fregattenkapitän Dönitz wurde. Bis zum Krieg gebaut wurden dann noch etliche Boote vom Typ VII mit 626 t Deplacement über Wasser und 275 t unter Wasser, der, verbessert als VII B und VII C, mit fünf Torpedorohren, 8,8-cm-Flak und 2-cm-Flak das in großer Stückzahl gebaute Boot für den Atlantikeinsatz wurde. Für Fernunternehmungen wurden die Typen IX mit ca. 1000 t Wasserverdrängung konstruiert, von denen *U 37* bis *U 44* bis zum Kriege fertiggestellt waren. Die wichtigsten Neukonstruktionen während des Krieges wurden dann die Typen XXI mit 1623 t und XXIII mit 232 t Deplacement über Wasser. Von insgesamt 1170 U-Booten gingen im Krieg durch Feindeinwirkung 684 verloren, 215 wurden bei Kriegsende durch die Besatzungen gesprengt, 153 ausgeliefert.

Das Bild rechts zeigt die Boote *U 7* bis *U 11* der U-Flottille Weddigen im Hafen.

Das Bild unten zeigt U-Boote vom Typ II B bei gemeinsamen Tauchübungen im Jahre 1936.

Die Abbildung rechts, Ausschnitt aus einem in der Marineschule Mürwik befindlichen Gemälde von Claus Bergen, stellt ein Boot vom Typ IX B auf der Fahrt im Atlantik dar.

Rechts: Bugansicht des Schlachtschiffs *Scharnhorst.* Es führte Anfang 1941 Handelskrieg im Nordatlantik, nahm im Februar 1943 am Kanaldurchbruch teil und sank mit 1803 Mann im Dezember 1943 im Gefecht mit britischen Streitkräften nördlich des Nordkaps.

Links: Schlachtschiff *Gneisenau,* deutlich erkennbar der nach Steuerbord geschwenkte achtere Drillingsturm.

Mit den Schwesterschiffen *Admiral Hipper* und *Blücher,* die 1937 bei Blohm & Voß in Hamburg bzw. bei den Deutschen Werken in Kiel vom Stapel liefen, entstanden die ersten Schweren Kreuzer der Marine. Offiziell nur mit 10 000 ts angegeben, verdrängten sie 1405 ts, waren 203 m lang und liefen mit drei Satz Getriebeturbinen 32,5 Knoten. Sie hatten acht 20,3-cm-, zwölf 10,5-cm- und zwölf 3,7-cm-Flakgeschütze (*Admiral Hipper* später auch achtundzwanzig 2-cm-Flak), 12 Torpedorohre und konnten 3 Flugzeuge an Bord nehmen. Die Besatzung zählte mit Flakpersonal bis zu 51 Offizieren und 1548 Mann.

Als weitere Schwere Kreuzer liefen noch vor dem Kriege *Prinz Eugen, Seydlitz* und *Lützow* vom Stapel, von denen jedoch nur die *Prinz Eugen* (Stapellauf 1938 bei der Germaniawerft in Kiel) fertiggestellt wurde. Sie verdrängte 14 240 ts (statt der offiziell angegebenen 10 000 ts), war 208 m lang und lief 32 Knoten Konstruktionshöchstfahrt. Bewaffnung und Besatzungsstärken entsprachen der von *Blücher.*

Weiterentwicklungen der im Ersten Weltkrieg nicht fertiggestellten Konstruktionen der sogenannten Ersatz-Yorck-Klasse von 1916 waren die Schlachtschiffe *Scharnhorst* und *Gneisenau,* die 1936 auf der Kriegsmarinewerft in Wilhelmshaven und bei den Deutschen Werken in Kiel vom Stapel liefen. Mit 35 400 t bzw. 31 850 ts Wasserverdrängung, 230 m Länge und 32 Knoten Geschwindigkeit hatten sie drei Drillingstürme mit 28-cm-Geschützen, die als Doppeltürme für 38-cm-Geschütze vorgesehen waren, zu deren Einbau es aber im Kriege nicht mehr kam. Außerdem waren zwölf 15-cm-, vierzehn 10,5-cm-, sechzehn 3,7-cm- und bis zu achtunddreißig 2-cm-Flakgeschütze vorhanden, ferner 4 Flugzeuge mit Startkatapult. Die Besatzungen zählten zuletzt 60 Offiziere und 1780 Mann.

Der einzige Flugzeugträger der deutschen Marine lief im Dezember 1938 bei den Deutschen Werken mit dem Namen *Graf Zeppelin* vom Stapel, wurde jedoch nicht fertiggebaut. Er verdrängte 28 090 t und war 262 m lang. Die Teile eines zweiten, bei der Germaniawerft in Kiel begonnenen Flugzeugträgers wurden, noch ehe er vom Stapel gelaufen war, 1940 wieder abgewrackt.

Die unfertige *Graf Zeppelin* wurde Ende April 1944 in Stettin versenkt, 1947 von den Russen geborgen und nach Leningrad geschleppt, erlitt dabei unterwegs Minenschäden, sodaß der Fertigbau vermutlich nicht lohnte und das Schiff schließlich abgewrackt wurde.

Rechts: Stapellauf des Flugzeugträgers *Graf Zeppelin* im Dezember 1938 in Kiel.

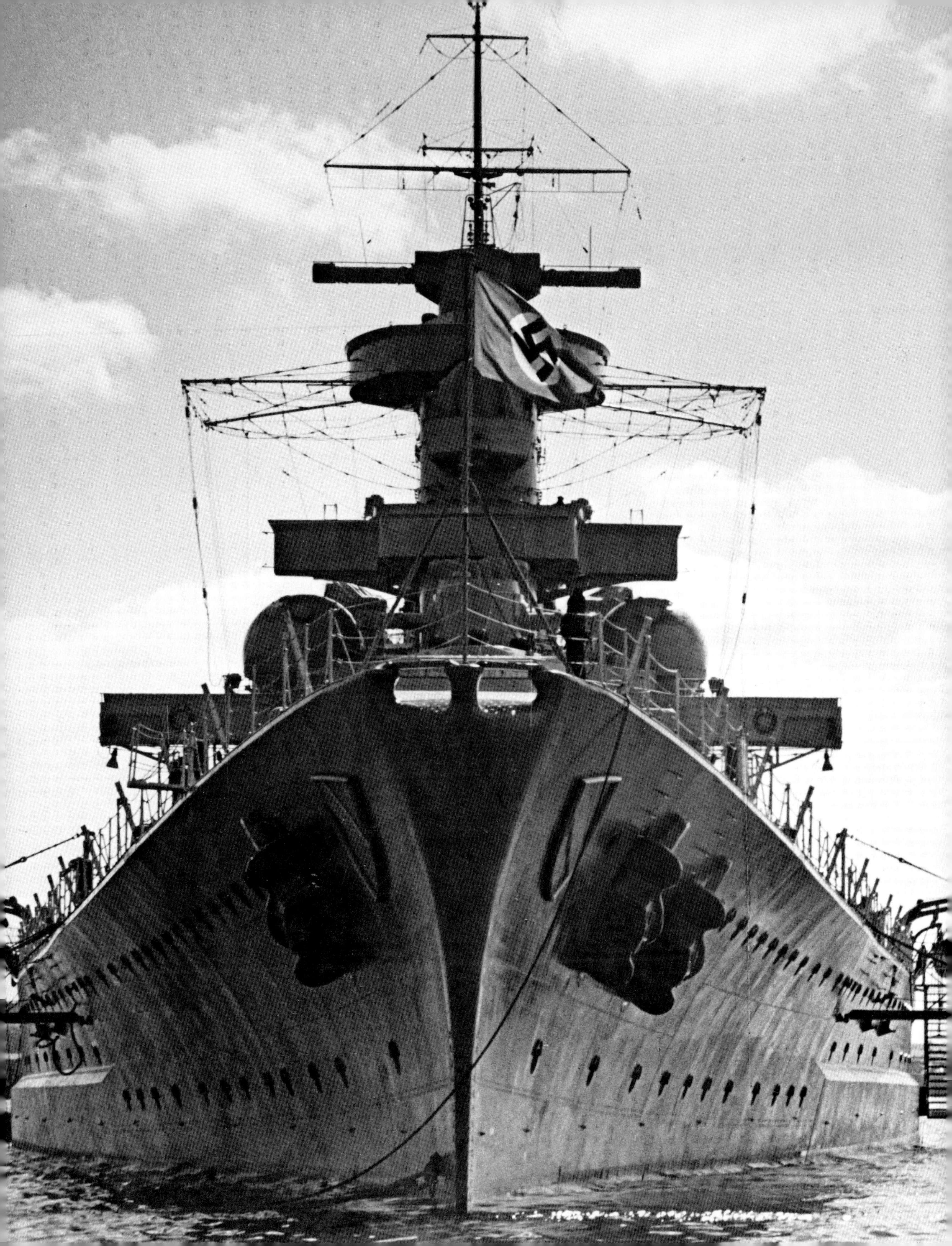

Bild links: Ansicht der Mittschiffspartie des Schlachtschiffs *Gneisenau* von Backbord. In der Mitte der Gefechtsturm, ganz oben das Entfernungsmeßgerät für die schwere Artillerie.

Das Bild oben zeigt die beiden hinteren Zwillingstürme des Schweren Kreuzers *Prinz Eugen.* Er war unter anderem 1941 im Gefecht in der Dänemarkstraße an der Versenkung des britischen Schlachtkreuzers *Hood,* 1943 am Kanaldurchbruch beteiligt und seit Herbst 1944 mit der Schiffsartillerie an den Rückzugskämpfen von Memel bis Danzig, von wo er Flüchtlinge nach Kopenhagen brachte. Dort von den USA übernommen, wurde er beim Atombombentest von Bikini als Zielschiff verwendet und sank im November 1947.

Das Bild rechts zeigt den Schweren Kreuzer *Admiral Hipper* während des Krieges vor der norwegischen Küste. Er war im April 1940 am Norwegenunternehmen beteiligt, führte im Winter 1940/41 Handelskriegs im Atlantik, war im Winter 1944/45 in der Ostsee eingesetzt und wurde nach schweren Bombentreffern am 3. Mai 1945 in Kiel gesprengt.

Das Bild oben zeigt ein Gemälde von Claus Bergen im Besitz der Marineschule Mürwik. Es stellt den Endkampf der *Bismarck* gegen die Übermacht britischer Schiffe im Atlantik, 300 Seemeilen nordwestlich von Quessant dar.

Die *Bismarck* war im August 1940 bei Blohm & Voß in Hamburg fertiggestellt worden und lief im Mai 1941 mit *Prinz Eugen* über Norwegen zum Handelskrieg in den Atlantik aus. Am 24. Mai in der Dänemarkstraße auf schwere britische Einheiten treffend, setzte sie nach der Versenkung der *Hood,* ihrerseits leicht beschädigt, den Marsch fort und wurde, manövrierunfähig, am 27. Mai nach schweren Treffern durch überlegene britische Streitkräfte selbst versenkt.

Rechts: Die Besatzung der *Bismarck* beim Erneuern des Tarnanstrichs vor dem Auslaufen aus Kiel im März 1941. Die aufgemalte Bugwelle sollte das Schiff kürzer erscheinen lassen.

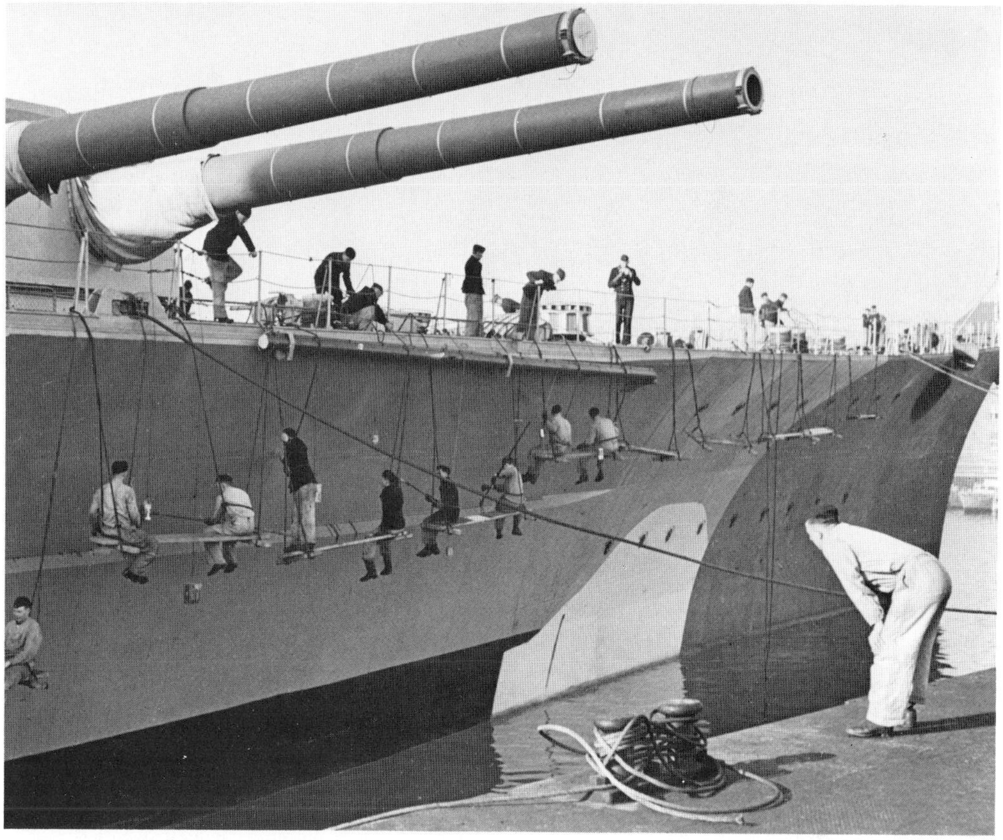

Die Schlachtschiffe *Bismarck* und *Tirpitz* waren die größten Schiffe, die eine deutsche Flotte je besessen hat. Als Ersatzbauten für die Linienschiffe *Hannover* und *Schleswig-Holstein* entworfen, war ihr offizielles Deplacement mit 35 000 ts angegeben, in Wirklichkeit verdrängte *Bismarck* jedoch 41 700 ts und *Tirpitz* 42 900 ts. Die Länge der Schiffe betrug 251 m, ihre Geschwindigkeit knapp 31 Knoten. Die schwere Bewaffnung bestand aus je zwei Zwillingstürmen vorn und achtern mit insgesamt acht 38-cm-Geschützen, ferner aus zwölf 15-cm-, sechzehn 10,5-cm-, sechzehn 3,7-cm- und aus zwölf 2-cm-Flakgeschützen, deren Anzahl auf der *Tirpitz* zuletzt bis zu 58 erhöht wurde. Ferner war ein Doppelkatapult für sechs Bordflugzeuge vorhanden. Die Besatzung der *Tirpitz* zählte bis zu 108 Offizieren und 2500 Mann.

Beide Schiffe liefen im Frühjahr 1939 vom Stapel und wurden erst während des Krieges einsatzbereit.

Links: Schlachtschiff *Tirpitz*, das größte Schiff, das die deutsche Flotte je besaß, 1944 im norwegischen Altafjord. Es wurde im Februar 1941 bei der Kriegsmarinewerft Wilhelmshaven in Dienst gestellt, machte Einsätze im Eismeer und wurde im September 1943 durch die Haftmine eines britischen Kleinst-U-Bootes und nach Reparatur im April 1944 durch britische Bomber im Altafjord schwer beschädigt. Im November 1944 kenterte es schließlich nach Angriffen mit schwersten Spezialbomben britischer Flugzeuge im Sandesund bei Tromsö und sank mit 1204 Mann.

21

43

Mohrian (vor 1683) 8, 9
Moltke (1877) 56
Moltke (1910) 136, 142
Montecuccoli (vor 1826) 11
Möwe (1879) 78, 115
Möwe (1926) 187
Mücke (1877) 71
München (1904) 114
Musquito (1851) 42, 47, 60, 68

Najade (vor 1826) 11
Nassau (1908) 124, 126
Natter (1880) 71
Nautilus (1871) 52
Nautilus (1907) 121, 128, 129
Niobe (1849) 41, 42, 47, 50
Niobe (1899) 94
Niobe (1913) 163, 170
Nix (1850) 32, 33
Nixe (1885) 82
Notus (1874) 86
Novara (1850) 36, 39, 47
Nürnberg (1906) 122, 129, 154
Nürnberg (1916) 129
Nürnberg (1934) 163, 172, 189
Nymphe (1863) 32, 44, 47, 50, 54, 65
Nymphe (1899) 94, 102

Odin (1894) 83
Oldenburg (1884) 82, 97
Oldenburg (1910) 129, 133
Olga (1880) 82, 115
Orion (vor 1826) 11
Ostfriesland (1909) 129, 133, 136, 153
Otter (1877) 71

Panther (1901) 97, 108
Paul Jacobi s. Z 5 (1936) 187
Pfeil (1882) 82, 115
Pommern (1905) 118, 161
Posen (1908) 124, 127
Preußen (1873) 62, 63, 69, 76
Preußen (1903) 110, 111
Preußischer Adler (1846) 47, 49, 57
Prinz Adalbert (1866) 50, 51
Prinz Adalbert (1901) 97, 106, 112
Prinz Eugen (vor 1862) 39
Prinz Eugen (1938) 178, 181, 184, 189
Prinz Heinrich (1900) 97, 104, 106
Prinzeß Wilhelm (1887) 83
Prinzregent Luitpold (1912) 140, 143

R 23 (1936) 188
Radetzky (vor 1864) 47, 48, 49
Regensburg (1914) 129
Renown (1857) 55, 61, 76
Rheinland (1908) 124, 127
Rival (1874) 86
Roon (1903) 112, 113, 115
Rostock (1912) 129, 141
Rover (1853) 42, 47, 57, 60, 68

S 1 bis S 6 (1884) 87
S 7 bis S 57 (1885/90) 87, 89, 134
S 7 bis S 87 (1885/97) 87
S 67 bis S 73 (1893) 90
S 87 (1897) 87, 88
S 90 (1899) 116
S 91 bis S 137 (1899/1907) 116
S 97 s. Sleipner (1899) 116
S 115 (1902) 116
S 116 (1902) 116
S 117 (1903) 116
S 118 (1903) 116
S 119 (1903) 116
S 125 (1904) 116
S 139 (1906) 136
S 144 (1907) 134
S 18 (1912) 146
S 113 (1918) 134
S 26 bis S 29 (1940) 188
Sachsen (1877) 70, 97
Salamander (1850) 32, 33, 41
Salamander (1877) 71
San Marco (vor 1826) 11
Scharnhorst (1906) 129, 154
Scharnhorst (1936) 143, 178
Schlesien (1906) 118, 163
Schleswig Holstein (1906) 118, 163, 185
Schütze (1882) 87
Schwaben (1901) 109
Schwalbe (1887) 82, 115
Schwarzenberg (vor 1864) 39, 47, 48, 49
Scorpion (1877) 71
Seeadler (1892) 82
Seehund (vor 1864) 47
Seydlitz (1912) 136, 142
Seydlitz (1939) 178
Siegfried (1889) 83
Sleipner s. S 97 (1899) 116
Sofia (vor 1826) 11
Sophie (1881) 82, 115
Spaviero (vor 1826) 11
Sperber (1888) 82
Stormarn (1703) 11
Stein (1879) 56, 78
Stettin (1907) 123
Stosch (1877) 56, 74, 75
Stralsund (1816) 11
Stralsund (1911) 129, 141
Straßburg (1911) 129, 141
Stuttgart (1906) 122

T 1 (1938) 187
T 22 (1941) 187
Th 1, Th 2 (1884) 87
Thetis (1846) 33, 41, 47, 50
Thetis (1900) 94
Thüringen (1909) 129, 133
Tiger (1899) 97
Tirpitz (1939) 185

U 1 (1906) 144, 145
U 1 bis U 6 (1906/10) 144
U 3, U 4 (1909) 144
U 8 bis U 35 (1911/14) 144, 146
U 9 (1910) 144
U 10 (1911) 144
U 1 (1935) 174
U 7 bis U 11 (1935) 174
U 37 bis U 44 (1938/39) 174
Ulan IV (1876) 86
Undine (1869) 68
Undine (1901/04) 94, 104
Ussaro (vor 1826) 11

V 1 bis V 10 (1884) 87
V 1 (1911) 134
V 4 (1911) 134
V 25 (1914) 134
V 27 (1914) 134
V 29 (1914) 134
V 48 (1915) 134
V 161 (1908) 134
V 162 (1909) 136
V 163 (1909) 136
V 164 (1909) 136
V 183 (1909) 134
V 116 (1918) 134
Veloce (vor 1826) 11
Veneto (vor 1826) 11
Vestale (vor 1826) 11
Victoria (1863/64) 46
Victoria Louise (1897) 94, 102, 110
Vigilante (vor 1826) 11
Vineta (1863) 34, 42, 43, 44, 47, 55, 65
Vineta (1897) 94
Viper (1876) 71
Von der Tann (1848) 29
Von der Tann (1909) 129, 136

Wall (vor 1864) 47
Weissenburg (1891) 89, 90
Wespe (1876) 71
Westfalen (1908) 124, 126
Wettin (1900) 106, 109
Wiesbaden (1915) 129, 133
Wilhelm Heidkamp s. Z 21 (1938) 187
Wittelsbach (1900) 109
Wolf (1878) 71
Wörth (1892) 89, 90
Württemberg (1878) 70

Y (1884) 87
York (1904) 113

Z 1 s. Leberecht Maaß (1935) 187
Z 1 bis Z 16 (1935/37) 187
Z 5 s. Paul Jacobi (1936) 187
Z 17 bis Z 22 (1937/38) 187
Z 21 s. Wilhelm Heidkamp (1938) 187
Z 23 bis Z 39 (1939/41) 187
Z 28 (1940) 187
Z 43 (1943) 187
Zähringen (1901) 106, 109
Zephir (1874) 86
Zieten (1876) 69, 86

I bis III, Spierentorpedoboote (1872) 86
V bis XI, Torpedoboote (1882) 86